TIRE SUAS DÚVIDAS SEM TIRAR A ROUPA

NÃO É SÓ SOBRE "AQUILO"

**NELSON JUNIOR E
ANGELA CRISTINA**
IDEALIZADORES DO PROJETO: EU ESCOLHI ESPERAR

Editora Quatro Ventos
Rua Liberato Carvalho Leite, 86
(11) 3230-2378
(11) 3746-9700

Todos os direitos deste livro são reservados pela Editora Quatro Ventos.

Proibida a reprodução por quaisquer meios, salvo em breves citações, com indicação da fonte.

Todas as citações bíblicas e de terceiros foram adaptadas segundo o Acordo Ortográfico da Língua Portuguesa, assinado em 1990, em vigor desde janeiro de 2009.

Todo o conteúdo aqui publicado é de inteira responsabilidade do autor.

Diretor executivo: Renan Menezes
Editora responsável: Sarah Lucchini
Equipe Editorial:
Ariela Oliveira
Paula de Luna
Gabriela Vicente
Revisão: Eliane Viza B. Barreto
Diagramação: Vivian de Luna
Capa: Estúdio Ditongo (Vinícius Lira)

Todas as citações bíblicas foram extraídas da Nova Versão Internacional, salvo indicação em contrário.

Citações extraídas do site https://www.bibliaonline.com.br/nvi. Acesso em novembro de 2019.

1ª Edição: Dezembro 2019

Ficha catalográfica elaborada por Geyse Maria Almeida Costa de Carvalho – CRB 11/973

J95t Junior, Nelson.

Tire suas dúvidas sem Tirar a roupa: não é só sobre aquilo / Nelson Junior, Angela Cristina. – São Paulo: Quatro ventos, 2019.
224 p.

ISBN: 978-85-54167-23-3

1. Religião. 2. Relacionamento cristão. 3. Crescimento espiritual. I. Cristina, Angela. II. Título.

CDD 248
CDU 27-1

SUMÁRIO

INTRODUÇÃO 17

1 QUAL SERÁ MINHA REAL MOTIVAÇÃO? 21

2 O QUE EU PRECISO TER PARA SER UM BOM PARTIDO? 43

3 ESPERAR PARA QUÊ? 67

4 COMO ESCOLHER A PESSOA CERTA? 87

5 ESCOLHER ESPERAR OU IR PARA CIMA? 107

6 QUANDO SEI QUE ESTOU PRONTO? 133

7 NAMORO VEM COM MANUAL? 145

8 SE SEXO É DE DEUS, É POSSÍVEL GARANTIR QUE VAI SER BOM? ... 169

9 E NA HORA DE TIRAR A ROUPA, POSSO FAZER O QUE QUISER? ... 183

10 O QUE PRECISO SABER AGORA QUE VOU ME CASAR? 199

CONSIDERAÇÕES FINAIS 219

ENDOSSOS

"O Nelson Junior e a Angela se tornaram referenciais para toda uma geração. Não apenas pela própria história, como também pela autoridade e respaldo que sua jornada lhes conferiu para ajudar, literalmente, milhões de jovens. Entre esses estão meus dois filhos. Portanto, recomendo este livro não apenas como amigo, mas como um pai agradecido a Deus (e a eles) pelo valor do seu ministério e do movimento Eu Escolhi Esperar. Boa leitura!"

LUCIANO SUBIRÁ
Pastor da Comunidade Alcance de Curitiba
Líder do ministério Orvalho.com

"A Bíblia nos ensina a amar o próximo como a nós mesmos, e talvez você tenha se frustrado nos relacionamentos pelo fato de não ter amor próprio. A verdade é que vivemos em uma cultura em que a maioria das pessoas foi criada sem um senso de identidade claro. Elas não sabem quem são e, por isso, têm dificuldade para determinar seu rumo na vida e fazer as escolhas certas em todas as áreas, inclusive na sentimental. Durante a leitura deste livro dos meus amados amigos, Nelson e Angela, você aprenderá, de forma prática, como identificar a raiz do problema, recuperar a satisfação em si mesmo e resgatar sua integridade espiritual. A mensagem desta obra não é só preciosa, como necessária, e precisamos nos apropriar dela para vivê-la. Quando vemos o mundo fora do controle, pensamos: 'Alguém deveria fazer alguma coisa. Deus, o governo, alguém...'. Nelson e Angela resolveram fazer alguma coisa ao se posicionarem como pioneiros e verdadeiros revolucionários no lugar de influência onde Deus os colocou. Além disso, eles têm a competência necessária para falar sobre este assunto."

TALITHA PEREIRA
Pastora líder na Igreja do Amor em Pernambuco

"Nelson e Angela trouxeram verdades poderosas em um livro muito gostoso e divertido de se ler. Estas páginas farão você entender o poder de escolhas sábias e o de construir uma vida saudável em seu corpo, alma e espírito. *Tire suas dúvidas sem tirar a roupa* foi especialmente estruturado para acabar com seus questionamentos sobre a vida sentimental e fazer você se livrar das desculpas."

LUCAS E JACKELINE HAYASHI
Pastores da Igreja Monte Sião em São Paulo

"Muitas pessoas estão correndo atrás daquilo que apodrece e se estraga com facilidade, e que perde a graça com o passar do tempo. Não é muito diferente quando o assunto é relacionamento. Agora, se aprendermos a experimentar e valorizar aquilo que é prioridade, o que realmente nos motiva, teremos alegria em vida e dentro do nosso casamento. Meu coração está a mil por saber que, finalmente, temos um livro sem muita frescura e bem direto ao ponto, responsável por abordar todos os assuntos que, muitas vezes, costumamos evitar, principalmente dentro da igreja. Nelson e Angela, com sua linguagem simples e sincera, revelam tudo o que precisamos saber sobre o antes, durante e depois de entrarmos em um relacionamento, até o grande dia em que selaremos nossa união no altar. Estas dicas práticas são valiosas, ainda mais na cultura em que vivemos. Mas, acima de tudo, deixam bem claro que nosso amor por Jesus é o essencial para que a vida a dois seja saudável. Por isso, priorize as coisas certas, porque são essas que o Pai nos orienta fazer, mas as erradas, nós que acabamos correndo atrás. Aprenda a fazer boas escolhas em relação aos seus sentimentos e emoções. Uma delas é falar com todos os que você ama sobre este novo manual de relacionamentos."

DEIVE LEONARDO
Pastor, *youtuber* e autor dos *best-sellers O amor mais louco da história* e *Coragem pra recomeçar*

DEDICATÓRIA

Este livro é dedicado a todos que desejam conhecer a vontade de Deus para as suas vidas; para aqueles que amam ao Senhor e creem que Seus planos são melhores que os nossos e, por isso, escolhem seguir Suas instruções. Também é dedicado aos que desejam receber conhecimento na área emocional, sentimental e sexual à luz da Palavra de Deus. Nosso desejo é que este livro faça diferença na sua vida, mudando paradigmas e renovando a sua visão sobre o que o Pai pensa a esse respeito. Nós cremos de todo o coração que Deus é poderoso e fiel para nos guiar quando desejamos fazer Sua vontade. Que este livro ajude você, trazendo suporte, incentivando e impulsionando, também, a continuar agradando ao Senhor de todo o seu coração, alma e mente.

Dedicamos, também, àqueles que já se amarguraram tanto que até perderam a esperança de encontrar um amor. Nestas páginas, você descobrirá novas maneiras de seguir ressignificar a jornada que tanto feriu seu coração. Desejamos que você receba cura e nova expectativa ao conhecer os princípios do Pai para a sua vida sentimental, amorosa e sexual.

Queremos dedicar estas páginas aos líderes de jovens e adolescentes que, comprometidos com Deus, buscam respostas claras e verdadeiras para apresentar aos seus liderados, com o desejo de vê-los crescer em conhecimento e maturidade, podendo, assim, formar famílias saudáveis para abençoar a sociedade e trazer cura a este mundo doente e sem referências.

Que os ensinamentos e verdades deste livro alcancem muitas vidas, e que elas sejam impactadas tanto ou mais do que as nossas foram.

Por fim, mas não menos importante, dedicamos não só este livro, mas tudo o que somos e temos Àquele que nos dá todas as coisas – o nosso Pai do Céu, que escreveu no livro das nossas vidas as histórias que compartilharemos com você ao longo destas páginas.

PREFÁCIO

Nos dias de hoje, é pouco provável conhecermos casais que tenham tamanha relevância entre os jovens, e que sejam referência para os que desejam fazer a escolha certa como Nelson e Angela. Principalmente quando falamos sobre relacionamentos e aguardar o escolhido do Senhor. Na última década, esse casal vem fazendo um trabalho incrível, levando uma geração inteira a ansiar por ter uma vida de santidade e uma caminhada comprometida, vivendo, assim, a plenitude do que Deus tem para eles.

Nós desconhecemos pessoas com mais autoridade nessa área do que esses dois. Eles têm sido uma inspiração para nós, pois, como podemos ver, mesmo depois de muitos anos, realmente vivem o que pregam. Com conteúdo, boa argumentação e sempre com muito bom humor, eles cativam todos que os cercam e aqueles que, de alguma forma, entram em contato com suas publicações.

Todas as vezes que os ouvimos falar sobre como esperar e sobre como construir e viver um bom relacionamento, somos instigados a melhorar o dia a dia do nosso próprio casamento. Isto acontece porque eles sabem muito bem quem são, e não se intimidam ao abraçar uma mensagem contrária aos padrões deste mundo, mas sim de acordo com os firmes princípios do Reino. É assim que eles alcançam todos de forma simples e autêntica.

Como se não bastasse essa incrível trajetória, construindo marcos ao longo do tempo, sentiram-se incumbidos de materializar tudo nesta nova obra: *Tire suas dúvidas sem tirar a roupa*. Da mesma maneira que anos atrás não tínhamos, muito menos conhecíamos, fontes confiáveis, maduras, encharcadas de sabedoria e, principalmente, compreensão sobre as verdades bíblicas relacionadas ao assunto, esta geração também está buscando por respostas. Porém, como são constantemente bombardeados por diversos estímulos e possuem fácil acesso às informações, acabam procurando se satisfazer em lugares impróprios e se prejudicando emocionalmente. No entanto, de encontro a essas perspectivas, nestas páginas, os autores trazem os argumentos certos e contrários a tais mentiras.

Desde as primeiras páginas deste livro, eles tratam de assuntos, muitas vezes, delicados e polêmicos, porém extremamente necessários para o tempo em que estamos vivendo. A melhor parte é que os temas são tratados de forma leve, divertida, mas, ainda assim, carregada de verdades da Palavra de Deus. Nelson e Angela quebram tabus e abordam tudo o que sempre quisemos ouvir e saber, mas que, por vezes, não tínhamos ideia de onde procurar. Não são opiniões apresentadas, mas, sim, um estudo do plano que Deus tem a respeito de relacionamentos, firmado à luz de Seus preceitos, encontrados na Bíblia.

Sendo assim, a partir do momento em que entendemos que a escolha de um cônjuge vai muito além de nossa satisfação pessoal como seres humanos, somos instigados a buscar em Deus o(a) companheiro(a) ideal que Ele tem para nós. O Pai não nos fez para simplesmente existirmos e cumprirmos nosso chamado, mas para dominarmos e sermos exemplos, propagando Seu modelo de família por toda a Terra, para cumprirmos algo que o Nelson e a Angela mesmos falam: "De família em família, transformamos a sociedade". Além disso, ao longo dos exemplos e situações que são descritos durante o livro, é nítido notar que estes entendimentos trazem uma perspectiva muito mais correta acerca do que o Senhor tem para nós. A própria Trindade, que conta com Pai, Filho e Espírito Santo, nos ensina que família é um desejo e sonho no coração de nosso Criador.

Por fim, esta é mais do que a hora exata para abraçarmos os planos de Deus em todas as áreas de nossas vidas. É da vontade do nosso Pai que formemos famílias saudáveis, fortes e alegres e, assim, levemos cura para uma sociedade quebrada e desacreditada da instituição familiar.

TEÓFILO E JUNIA HAYASHI
Pastor sênior da Igreja Monte Sião em São Paulo e fundador do Dunamis Movement
Pastora da Igreja Monte Sião em São Paulo, líder no Dunamis Movement e fundadora do Dunamis Pink Punch

INTRODUÇÃO

> Sei que podes fazer todas as coisas; nenhum dos teus planos pode ser frustrado. (Jó 42.2)

Sabe aquele ponto de nossa história quando amamos a Deus, frequentamos a igreja e, ainda assim, nossa vida emocional é uma coleção de desilusões amorosas? Pois bem, todos nós estamos sujeitos a isso. E você achando que era privilegiado! É possível passar por situações como essas, porque sempre vivemos cheios de dúvidas sobre como nos relacionar nos padrões que Deus aprova, sem conseguir achar respostas em lugar nenhum. Porém, exatamente agora, neste momento em que você lê estas palavras, está a um passo de descobrir o que é necessário para viver uma nova experiência na vida sentimental. Será que você está pronto?

Não se desespere! Ninguém está pronto, mas vamos por partes. Um passo de cada vez para mudarmos aos poucos nossa mentalidade sobre o assunto. Inclusive, a primeira coisa que precisamos saber é que mudança é a soma de duas palavras: ou muda ou dança! Engraçado, não? Mas é a mais pura verdade. É neste contexto que *Tire suas dúvidas sem tirar a roupa* nos ajudará a começar a ser, agora, quem desejamos daqui para frente, respondendo, com muito bom humor e sinceridade à luz da Palavra, o que precisamos saber sobre relacionamento, vida sexual e saúde emocional. Estamos todos no mesmo barco, cada um de nós em uma fase nesse processo, e precisaremos alinhar alguns pontos para termos uma vida bem-sucedida integralmente.

O mais importante desses pontos, e que precisa estar muito claro para nós, é que Deus tem um plano para todas as áreas da nossa vida. Partindo desse preceito, sentimos a necessidade de nos questionar: por que ainda sofremos tanto? Simples! Provavelmente porque estamos fazendo a coisa certa da forma errada. Conhecer os princípios do Senhor e praticá-los é o que nos tornará saudáveis e bem-sucedidos. Ele tem pensado e planejado cada fase de nossa vida, desde a solteirice, o namoro, até chegar ao tão sonhado casamento.

Diante disso, nosso desejo com este livro é fazer com que você conheça cada um desses princípios para tomar as melhores decisões possíveis nessa área tão importante de sua vida. Isso, porque hoje fazemos nossas escolhas, mas amanhã são elas que farão de nós quem somos. Afinal, é como dizem: "Só se vive uma vez". Esta vida não é feita de sorte ou acaso, mas é o resultado dos caminhos que optamos por trilhar. Tudo que vivemos hoje é a soma das decisões que tomamos até ontem. Sendo assim, o que viveremos no futuro está em nossas mãos, com a possibilidade de definirmos a direção para a qual iremos a partir de agora. Nesse processo, é importante percebermos que nossas escolhas não são somente nossas, elas influenciam outras pessoas, a nossa casa e chegam até a impactar a forma como vivemos.

Acredite se quiser, muitas mazelas da sociedade são frutos de famílias desestruturadas, construídas com base em relacionamentos distorcidos. Isso é consequência das más escolhas de cada pessoa, que influenciaram seu contexto e aqueles ao redor. Por outro lado, quando buscamos conhecer e aprender os princípios de Deus para escolher alguém e formar uma família, optamos por abençoar a Terra. Um lar saudável gera filhos saudáveis. Desse modo, de família em família, transformamos a sociedade. Um bom casamento não abençoará somente a nós mesmos, mas alcançará gerações que virão depois, nossos filhos, netos e bisnetos, e aqueles que serão impactados por suas vidas.

No entanto, muitas vezes, sofremos porque estamos doentes emocionalmente; as feridas, decepções e traumas nos deixam sem perspectiva e nos fazem desacreditar no amor, nas pessoas e nos relacionamentos. É justamente por isso que este livro surgiu. Seu objetivo é nos ajudar, com ações práticas, a sermos nossa melhor versão e a buscarmos saúde emocional para estarmos prontos e conscientes, fazendo boas escolhas. Consequentemente, nosso futuro será melhor que nosso passado. Portanto, nosso desejo é que, a partir de cada um de nós, uma família seja formada com saúde, espalhando os padrões de Deus pela Terra.

> Como é feliz quem teme o Senhor, quem anda em seus caminhos! Você comerá do fruto do seu trabalho e será feliz e próspero. Sua mulher será como videira frutífera em sua casa; seus filhos serão como brotos de oliveira ao redor da sua mesa. Assim será abençoado o homem que teme o Senhor! Que o Senhor o abençoe desde Sião, para que você veja a prosperidade de Jerusalém todos os dias da sua vida e veja os filhos dos seus filhos. Haja paz em Israel! (Salmos 128)

CAPÍTULO 1
QUAL SERÁ MINHA REAL MOTIVAÇÃO?

NELSON JUNIOR

O sonho de encontrar um grande amor é um desejo alimentado por boa parte das pessoas no mundo, inclusive no Brasil, e principalmente pelas mulheres. Muitos têm seus planos frustrados na vida sentimental porque cresceram aprendendo que esse é o caminho natural de todo ser humano. Por gerações, namorar, noivar e se casar transformaram-se em obrigações. O pensamento comum de que, em algum momento, cedo ou tarde, todos terão de encontrar alguém para ser feliz mostra que, na realidade, não estamos preocupados com o outro, mas sim com nós mesmos.

Por outro lado, não é errado buscarmos nossa própria felicidade. Afinal, todo mundo quer ser feliz! Quem não quer ter alegria nesta vida? O interessante é que a maioria das pessoas procura essa felicidade no amor. Mesmo sem perceber, envolvem-se por prazer ou com a intenção de estar ao lado de uma pessoa especial. O problema é que demoram para descobrir que existe algo desastroso na vida sentimental: estar junto de alguém não significa necessariamente estar contente.

Em razão disso, quando perguntamos às pessoas por que desejam encontrar um amor para chamar de seu, as respostas variam entre: "para ser feliz!", "para casar, oras!", "para ter alguém por toda a vida", ou pelo desejo de construir uma família. Entenda, essas não são respostas erradas, mas se a motivação para nos envolver em um romance se resume a uma realização pessoal apenas, esta é uma boa hora de reavaliar nossa concepção sobre o assunto. Muitos entram em um relacionamento com intenções erradas, namoram, e até se casam, sem compreender o propósito certo de se envolver com alguém.

Essa foi a conclusão a que chegamos no trabalho de aconselhamento, pois notamos que há certa obsessão pelo namoro e casamento, principalmente entre a comunidade cristã. Algumas pessoas acreditam que só serão plenamente felizes quando encontrarem sua outra metade. Somado a isso, existe uma grande pressão da sociedade em relação à necessidade de se ter alguém, além da regra inventada de que é o casamento que traz felicidade. Essa mentalidade acaba se tornando tão habitual, que, com certeza, você já conheceu pessoas que estão sozinhas há muito tempo e são notadamente solitárias e infelizes. Por conta dessa cobrança, passamos a depender do outro para sermos completos, e a procura de uma pessoa para namorar acaba sendo baseada em motivações erradas.

É bem verdade que por estarmos sobrecarregados com tantas cobranças e responsabilidades da nossa rotina, temos a tendência de querer conviver com pessoas que amamos, porque elas realmente nos fazem muito bem. Tanto é verdade que, se você perguntar aos seus amigos e conhecidos, certamente, entre dez deles, pelo menos oito desejam encontrar um amor para toda a vida. Já os que não sonham com isso hoje provavelmente almejaram essa relação algum dia, e só desistiram por conta das decepções acumuladas. Isso é algo que observamos ao longo da nossa trajetória ministerial: alguns jovens e adolescentes que se tornam céticos, acreditando que amor verdadeiro não existe. Inclusive, você mesmo pode já ter quebrado a cara ao se envolver com alguém na intenção de construir uma família, pois a maioria das pessoas nutre desde a infância o sonho de ter alguém para a vida toda. Estar com alguém alivia a carga, revigora os dias, porém nenhuma dessas motivações são requisitos suficientes para se iniciar um romance.

Por isso, é muito importante ter a consciência de nutrir seus pensamentos com os propósitos certos antes de sair em busca da pessoa amada. Antes de qualquer coisa, entenda que o namoro e o casamento não são como remédios que nos proporcionarão a felicidade que tanto desejamos. Existem pessoas tão infelizes sozinhas, que não fazem ideia de que serão ainda mais insatisfeitas quando estiverem acompanhadas. A pior solidão não é estar só, mas sim ausente de si mesmo. Se você é uma pessoa triste, não se iluda! Envolver-se com alguém não lhe trará cura, muito menos será a resposta de uma vida completa por encontrar aquele ser especial.

Precisamos focar em buscar a felicidade sem depender de alguém para trazer esse sentimento à tona. Muitos se empenham em achar a pessoa ideal, mas acabam se perdendo pelo caminho, e ainda há aqueles que sequer chegam a encontrar a si mesmos. O desejo de encontrar um amor é uma preocupação tão grande que se torna mais agradável ficar no esquecimento. Assim, afirmo que mais importante do que encontrarmos a pessoa ideal é nos tornarmos esse alguém.

Portanto, antes de encontrar seu par – ou até mesmo se já encontrou – é fundamental saber ser feliz por conta própria! A nossa felicidade não pode estar condicionada a alguém. Não podemos esperar que outra pessoa seja encarregada de produzir alegria em nós, porque correremos o risco de deixar de lado nossa responsabilidade individual, o que nos fará sempre culpar o outro por qualquer momento de insatisfação e infelicidade. Diante disso, eu e Angela desejamos muito que, antes de se deparar com seu amor, você se encontre. Não sobrecarregue outra pessoa com a ingrata obrigação de fazê-lo feliz, até porque, mesmo que ela queira, não conseguirá preencher essa lacuna.

Se não descobrirmos a alegria de estar sozinhos, dificilmente estaremos contentes com alguém. É pouco provável que consigamos experimentar felicidade quando casados se não aprendermos a aproveitar a alegria individualmente, como solteiros. Quanto mais entendermos que não é um relacionamento que garantirá nossa felicidade, menos expectativas idealizaremos em relação aos nossos sentimentos. A falta de clareza a respeito do que é um romance distorce o foco da maioria dos jovens, e é um dos principais responsáveis por quase sempre colecionarem tantos desapontamentos.

Como esse é um processo bem complicado, vamos entrar nessa junto com você! E para que você não se perca ao longo dessa jornada, temos de dizer algumas verdades bem diretas e objetivas sobre a vida sentimental que você precisa conhecer o quanto antes! Assim, enquanto estiver lendo cada uma delas, poderá avaliar qual você pratica e qual precisará desenvolver dia após dia.

10 VERDADES SOBRE VIDA SENTIMENTAL

PRIMEIRA: Viver uma nova realidade na sua vida sentimental depende mais das escolhas que você faz do que de ficar esperando uma operação milagrosa de Deus!

SEGUNDA: Deus não fará por você! Existem mudanças que Ele aguarda o seu posicionamento. Se você não tem vontade ou não quer agir, quem vai querer por você?

TERCEIRA: Assumir a responsabilidade por tudo que você está vivendo é a chave para começar a experimentar mudanças reais e definitivas.

QUARTA: Se você não está satisfeito com os resultados da sua vida, do jeito que ela está atualmente, mude. Adote atitudes que impactarão sua existência por toda eternidade! Grandes mudanças começam por pequenas decisões tomadas diariamente. Pode parecer pouco, mas faça algo.

QUINTA: A mudança que tanto deseja nos seus relacionamentos começa com sua postura em relação ao que pode fazer hoje, e não amanhã!

SEXTA: A melhor maneira de aprimorar seus relacionamentos é alterar a forma como você se enxerga. Saiba reconhecer o seu valor e se sentir importante independentemente de quem está ao seu lado.

SÉTIMA: Existe uma coisa que ninguém pode fazer por você: a sua parte. Nenhuma outra pessoa do Universo mudará o que há dentro de você! Ela até pode te ajudar a identificar o que há de errado, mas se você não quiser entender e transformar sua mentalidade e postura, de nada adiantará.

OITAVA: Pare de culpar o vento pela desordem feita em sua vida, se é você quem tem deixado a janela da sua alma aberta.

NONA: Não se apegue ao passado! Isso só fará com que você sofra no presente, atrasando o que há para viver no futuro que Deus escreveu para você.

DÉCIMA: Deus criou você para viver em comunidade! Ele mesmo é um ser triúno, Pai, Filho e Espírito Santo, vivendo em plena harmonia. Viver sozinho, sem amigos e família não faz parte da cultura do Reino.

Pode acontecer de olharmos para dentro de nós e encontrarmos uma pessoa que não se responsabiliza pelos seus atos, mas vive se vitimizando, sendo alguém amargurado, teimoso, inflexível, chato, exigente, ansioso e orgulhoso, além de ser autoritário, cheio de mágoas e com traumas e marcas do passado... A lista só tende a aumentar. Mas entenda, um relacionamento não nos curará de todos esses comportamentos e sentimentos. Pelo contrário, poderá até piorar a situação. Isto é muito sério, até porque existem pessoas que não suportam a si mesmas, não por serem más, mas por estarem extremamente feridas antes mesmo de encontrarem um par. Por isso, é importante ser um bom ímpar, ser a pessoa com quem se deseja estar. Encontre-se para depois encontrar alguém.

> Quem não é um bom ímpar
> nunca será um bom par.
> (Autor desconhecido)

Se não somos bem resolvidos, leves e felizes com nossa própria companhia, dificilmente seremos realizados ao lado de outra pessoa. Não existe nenhum relacionamento que poderá trazer alegria genuína e plena se antes essa não for a realidade do nosso interior. Felicidade é um estado pessoal, e não um lugar no qual um dia chegaremos. Estar feliz é um bem individual, intransferível. Ou estamos, ou não estamos. Ilusão é acreditar que encontraremos no romance a satisfação real que tanto desejamos.

Porém, precisamos entender que ser feliz não se trata de ser sorridente o tempo todo. Estar contente não significa ausência de problemas, mas nessa situação, é saber não permitir que as circunstâncias roubem a alegria que há em ser você. Pois bem, eu sei, a vida é cíclica e dessa realidade não podemos fugir. Não se trata de termos uma vida fácil, mas de vivê-la de maneira leve, isto é, sermos guiados por uma paz interior mesmo enfrentando momentos difíceis e, ainda assim, não perdermos a esperança e a fé. Escreva isso no seu coração: a felicidade é um bem pessoal. Ninguém te fará feliz porque nenhum ser humano tem essa missão na Terra. Ou você é feliz, ou não é!

Diante disso, você pode estar se perguntando: pessoas com essa felicidade dentro de si existem? Sim! É possível ser feliz independentemente da realidade em que nos encontramos. Há milhares de pessoas que, neste exato minuto, estão enfrentando um dos momentos mais difíceis de suas vidas e, acredite, ainda assim estão em paz e contentes. Mesmo que estejam passando por períodos sensíveis, desafiadores e complicados, continuam de bem com a vida, pois conseguiram compreender que estar alegres não é simplesmente um lugar aonde chegarão um dia, mas é a maneira como caminharão, seja por onde for. A felicidade é o fruto de uma realização pessoal com Deus, que se fortalece no amor.

O próprio Amor se fez Homem e é a fonte de nossa alegria! Somente Ele poderá suprir nossas expectativas e necessidades. Ele é o único que tem tudo o que precisamos. Isto é tão verdade que nunca conhecemos duas pessoas infelizes que se casaram e produziram duas pessoas felizes. O casamento não é, e nunca será, sua fonte de felicidade, mas sim o Noivo, Jesus. Assim como a mulher samaritana (João 4.5-19) não alcançou satisfação no casamento, nós também não encontraremos. Ela já estava no seu sexto relacionamento e ainda não se sentia uma pessoa completa. Mas, naquele dia, ela bebeu direto da Fonte e teve uma experiência que mudou sua vida para sempre. Logo, por mais que você esteja apaixonado e até já tenha encontrado alguém, isto não é garantia de que a felicidade proporcionada por você, momen-taneamente a esta pessoa, vá ser constante ao longo do seu relacionamento.

Agora, entenda que, mesmo esclarecendo alguns pontos inicialmente, uma coisa é certa: a leitura destas páginas não produzirá a mudança instantânea necessária e não fará com que seus problemas desapareçam da noite para o dia. Mas acreditamos que este livro incentivará você a iniciar pequenas modificações em uma área tão complexa e importante de nossas vidas. Ele servirá como uma espécie de bússola para você não errar o caminho e se transformar em um bom ímpar.

Para que isso aconteça, precisaremos eliminar as principais mentiras que nos aprisionam e nos impedem de avançar!

MENTIRAS QUE NOS APRISIONAM

Tudo começa com um simples engano, seja por rejeição, traição, brigas, decepções, ofensas, guerras, morte ou relacionamentos despedaçados. Todo sofrimento humano que presenciamos hoje foi introduzido há milhares de anos no Jardim do Éden e teve início com um casal que foi enganado. Uma mentira no primeiro romance do planeta impactou para sempre toda a narrativa da humanidade. Adão e Eva deram ouvidos e acreditaram em apenas uma fala incoerente, e todo o desenrolar daquele erro provocou muita dor e aflição ao longo da História. Provavelmente as angústias que enfrentamos em nossa trajetória amorosa, na verdade, são uma reprodução do que aconteceu no Jardim do Éden. Em algum momento da nossa vida sentimental, acreditamos em uma mentira e, como consequência, experimentamos alguma espécie de fracasso ou dor nessa área. Podemos até não enxergar isso agora ou não acreditar nessa afirmação por completo, mas, sim, fomos enganados e, por isso, temos experimentado tanta dor e sofrimento nessa área.

Infelizmente, muitas pessoas se tornam alvos da mentira quando se trata de sentimentos. Adolescentes, jovens ou adultos, solteiros ou casados, cada um de nós está sendo enganado por pensamentos comuns que nos afastam sutilmente do plano de Deus. Não importa a idade, sexo, cor da pele, religião ou nacionalidade, só por existirmos já estamos sujeitos à mentira, que nos faz sofrer ao nos relacionarmos com quem quer que seja. Ela está em toda parte e é tão poderosa que é capaz de mexer com as nossas necessidades básicas. É por isso que para o psicólogo Abraham H. Maslow, são essas insuficiências que regem a vida de um indivíduo.[1] O que não seria diferente na vida sentimental.

Dessa maneira, Eva foi enganada no Jardim pelo maior vendedor de ilusões do mundo. O Diabo tem uma experiência milenar e usa as mais astutas estratégias para nos seduzir, enganar e ferir. Como não pode tocar em Deus, ele se articula para atingir a menina dos Seus olhos: Nós! Em razão disso, ele fará uma combinação de atraentes mentiras, meias verdades e falsos pensamentos, sempre apresentando as melhores ofertas, os mais desejáveis prazeres com um único objetivo: iludir a humanidade a fim de que escolha tudo aquilo que é contrário ao que Deus planejou. Nos dias de hoje, Satanás não aparecerá para nós em forma de serpente, mas conversando no jardim do nosso coração, disfarçado em um filme romântico, nas músicas mais tocadas do momento, em um papo com amigos, em um programa de TV, no vídeo de um *youtuber*. Até mesmo, se preciso for, em uma postagem nas redes sociais de um líder religioso que seguimos. A mentira sempre será a principal arma do Inimigo. Ela vem disfarçada através de informações, pensamentos e diálogos, para que nós não a percebamos. Todas as vezes que damos ouvidos a algo que não está de acordo com a Palavra de Deus, tenha certeza de que, por trás daquela mensagem, existe a influência do Diabo (João 8.44).

Ele é tão articulado que utiliza das mesmas ferramentas para nos enganar facilmente em nossos relacionamentos. Essas ofertas acabam sendo sempre fascinantes, atraentes e vêm com aparência de corretas. Pode até parecer certo, soar legal ou aparentar inofensivo, mas se for contrário à vontade do Senhor, mais cedo ou mais tarde irá nos machucar. E não se engane, em algum momento da sua vida "a

---

[1] MASLOW, Abraham H. **Motivation and personality.** 3. ed. Nova Iorque: Pearson, 1987.

conta vai chegar". Colheremos a consequência da mentira, talvez não diretamente ligada à área amorosa, mas certamente em alguma outra.

O maior engano entre os cristãos é não acreditar nas consequências das suas escolhas. Tudo o que sofremos atribuímos ao Diabo, à vida, às pessoas ao nosso redor, a tudo e a todos, menos a nós mesmos. Se estamos sofrendo em relação aos nossos sentimentos e não conseguimos enxergar que somos os principais responsáveis por eles, já estamos debaixo de uma mentira do Inimigo. Igualmente como ocorreu no princípio, lá no Jardim do Éden, ele sempre trabalhará para terceirizarmos a culpa e permanecermos assim, sem tomar consciência de nossa parte na causa (Gênesis 3.12-13).

O primeiro passo para assumirmos a responsabilidade sobre nossos sentimentos é reconhecer qual a mentira que os gerou. Assim que a identificarmos, seremos capazes de eliminar as trapaças que nos impedem de alcançar uma vida sentimental saudável. Sendo assim, relacionamos uma lista com as principais mentiras que têm devastado corações. Não são as únicas, mas são as mais comuns. Muitas delas nos confrontarão, outras até poderemos resistir e discordar por termos dificuldade em reconhecer como mentira. Esta é a grande estratégia do Diabo na arte de enganar pessoas: suas melhores mentiras parecem verdades. Quando repetidas várias vezes, soam como verdades e se tornam naturais para nós. Então as recebemos e damos continuidade a elas, sofrendo com as suas consequências, devido ao fato de essas mentiras não permitirem que a transformação da nossa mente – a metanoia – aconteça.

MENTIRAS CLÁSSICAS QUE DETONAM SUA VIDA SENTIMENTAL

DEUS É OCUPADO DEMAIS PARA SE IMPORTAR COM QUEM ESTOU NAMORANDO

Essa frase traz uma verdade e um engano. A verdade é que Deus governa sobre todas as coisas e trabalha em todo tempo, então Ele realmente é "beeem" ocupado! Mas o engano é achar que o Senhor não está interessado em nossa vida sentimental. Sim, Deus se importa e quer cuidar inclusive dessa área. Porém, as escolhas que fazemos em relação aos nossos sentimentos podem nos afastar da presença d'Ele.

APROVEITE A VIDA, POIS SÓ SE VIVE UMA VEZ

É claro que o fato de só vivermos uma vez é uma verdade. Agora, o engano é usarmos quase sempre essa frase para incentivar os outros, ou a nós mesmos, a cometer erros e a fazer besteiras. Se só temos uma vida para viver, aproveite e não a desperdice fazendo besteiras. O próprio rei Salomão, em meio a tantas riquezas que possuía, aos manjares e vinhos que tinha à sua disposição e a diversas mulheres que tomava para si, buscou compreender qual seria a melhor maneira de que alguém poderia viver durante sua curta existência na Terra. Mas em toda sua sabedoria, ele nos lembrou de que a eternidade é muito maior quando comparada com nossa passagem terrena e, por isso, o que fazemos aqui de nada vale (Eclesiastes 2.3 e 11.7-8).

EU PRECISO DE ALGUÉM PARA ME SENTIR REALIZADO

Seja lá o que for que acreditemos sobre Deus e sobre nós mesmos, essa perspectiva, que foi criada em nossa mente, pode determinar o modo como vivemos, assim como também consegue interferir na maneira como tomamos decisões. Por isso, é tão importante termos consciência própria e do Criador baseada na perspectiva d'Ele, e não na nossa. Se você acreditar nas mentiras aqui relacionadas, agirá de acordo com elas, e o resultado será uma vida sentimental arruinada pelas péssimas escolhas que você continuará fazendo.

TENHO "DEDO PODRE"; NÃO DOU SORTE NO AMOR

O amor não é uma questão de sorte, muito menos coisa do destino ou obra do acaso. Não se trata de você ter o "dedo podre" pelo fato de sempre escolher namorados(as) com problemas. A questão, na realidade, é sobre o tipo de pessoa que você tem atraído e a maneira como se envolve com elas. Não adianta cometer uma sequência de erros e depois querer culpar seu "dedo"!

"ARRISQUE-SE! O AMOR NÃO VEM COM ESTRELA NA TESTA" [2]

Mais um dos *hits* de sertanejo universitário. Ô musiquinha dos infernos! Não conhece? Ainda bem, porque, dessas músicas de "sofrência", não se salva uma sequer! Veja bem: felicidade na vida amorosa não é um jogo de tentativa e erro. Quando você adota essa crença para sua vida, ela se transforma em um valor – que, no caso, está bem errado – e por consequência, sempre o conduzirá a romances doloridos. É bem simples! Quem sabe o titio Nelson não

---

[2] AZEVEDO, Naiara. **Avisa que eu cheguei**. Por Diego Silveira, Rafael Borges, Nicolas Damasceno, Lari Ferreira. *Contraste*. Som Livre, 2017.

cola uma estrelinha na sua testa da próxima vez que conseguir passar por essa, hein?

QUAL O PROBLEMA, SE TODO MUNDO FAZ?

O engano geralmente não começa com uma mentira completa, mas quase sempre vem disfarçado com verdades parciais. Se todo mundo faz, que mal pode haver? TUDO! O errado é errado, mesmo que todo mundo esteja fazendo. O certo é certo, mesmo que só você esteja disposto a cumprir. Escolha sempre aquilo que é correto e íntegro, ainda que ninguém ao seu redor esteja praticando. Já ouviu a frase: "Você não é todo mundo!"? Pois é! Talvez a sua mãe já estivesse sendo usada pelo Espírito Santo e você nem tinha se dado conta.

NO CORAÇÃO A GENTE NÃO MANDA

Por muitas vezes, não podemos nos responsabilizar pelo que sentimos, mas, sem sombra de dúvidas, somos encarregados pelo que escolhemos fazer com o que sentimos. Não ter controle dos nossos sentimentos jamais poderá servir como desculpa para justificar escolhas erradas e atitudes que ferem a vontade de Deus. Assim como, em Provérbios 25.28, diz que "quem não sabe se controlar é tão sem defesa como uma cidade sem muralhas", faz parte do nosso processo de maturidade saber controlar nossas emoções e sentimentos. Até porque temos o Espírito Santo, que nos ajuda a dominar as emoções através do cultivo de Seus frutos (Gálatas 5.22-23).

FAÇA AQUILO QUE O SEU CORAÇÃO ESTÁ MANDANDO

A Bíblia oferece um conselho totalmente contrário a esse. Ela afirma que o coração é mais enganoso que todas as coisas (Jeremias 17.9). Então, seguir cegamente seu coração é a maior besteira que você pode fazer para sua vida sentimental. Não caia nessa enrascada! Constantemente, precisaremos purificá-lo, porque nossa natureza humana é corrompida sem Deus. Lembre-se de que, para Ele, o que mais importa é o seu coração, pois dele procedem as fontes da vida (Provérbios 4.23).

O IMPORTANTE É A SUA FELICIDADE

Ouvimos muito a seguinte frase "se nos faz bem e feliz, o resto é resto e nada mais importa". Discurso mais diabólico que esse não há! Essa mentira tem escravizado muita gente, causando enorme sofrimento. Ela já levou pessoas a traírem seus cônjuges, desobedecerem a seus pais, casarem-se errado, afastarem-se da igreja ou ferirem um amigo ao ponto de até mesmo abandoná-lo. Tudo em "nome do amor e da felicidade". "Não importa se é prejudicial, desde que me faça feliz", se esse pensamento não for diabólico, é totalmente insano, pois vai completamente contra aos princípios do Reino. A felicidade vem em decorrência de uma vida de obediência a Deus. Ele sempre fará tudo para o nosso bem e, como resultado, seremos abençoados com a alegria.

SE DEU CERTO, BOM. SE NÃO DEU CERTO, ÓTIMO. VAMOS PARA O PRÓXIMO [3]

Que miséria de filosofia é essa? Pode até ser sucesso na música, mas é uma tragédia para o coração. Está mais para uma espécie de canção do rancor, com excesso de ódio guardado. Mas por diversas vezes, somos levados a aceitar isso como algo normal e recorrente, mas não é verdade! Entenda de uma vez por todas: se não deu certo, não foi ótimo, foi doloroso; e só quem passou sabe as feridas que sofreu. De "próximo em próximo", você vai servir de *test drive* até quando? Você não é só mais uma opção para alguém. Não queira viver algo baseado na mentalidade mundana de que é preciso ter muitas experiências para entrar no casamento e, assim, estar pronto para qualquer crise. Isso não existe! Você nunca estará preparado se continuar pensando desse jeito e muito menos conseguirá prevenir desentendimentos. Eles acontecem e fazem parte dos ajustes e crescimento do casal. O máximo que você conseguirá agindo dessa forma é trazer bagagens ruins para seu matrimônio em vez de "experiência". Qualquer envolvimento amoroso deixa marcas em nós, e elas refletirão em nossa vida para sempre. Então, tome cuidado com o seu coração.

NO TEMPO EM QUE ESTOU SOLTEIRO, ESTOU LIVRE PARA NAMORAR

Temos a falsa ideia de que, enquanto não estivermos comprometidos em uma aliança de casamento, estamos disponíveis para nos relacionarmos à vontade. Mas essa é só mais uma mentira em que alguns acabam caindo, pois Deus já sabe o que quer para nós

---

[3] Parafraseando a música **Avisa que eu cheguei**, de Naiara Azevedo, citada anteriormente.

mesmo antes de nascermos. Ele conhece a forma, as características e, inclusive, os gostos da pessoa com quem iremos nos casar. O Soberano tem uma história reservada a nosso respeito (Salmos 139.16). O cristão solteiro não está disponível, e sim guardado para os planos do Senhor. Não existe essa história de ficar ou namorar simplesmente por querer ter alguém por perto. Deus criou um relacionamento para um propósito! Descubra qual seu propósito, decida ouvir ao Senhor e obedecê-lO, e certamente, ao longo dessa jornada, você encontrará alguém com o mesmo foco que você!

PAGO AS MINHAS CONTAS E NINGUÉM TEM NADA A VER COM ISSO

A sociedade moderna e movimentos sociais têm pregado que o caminho para a plenitude está na independência. Porém, ser satisfeito e feliz no relacionamento não está ligado à reivindicação de direitos, mas sim à concessão deles. A insistência em ser independente tem levado muitos à instabilidade emocional, e, por consequência, a se afastarem sutilmente de Deus. A escolha pela emancipação, o querer fazer as coisas do seu próprio jeito, sem depender de terceiros, é um caminho mortal. Nós vemos essa inclinação do Homem desde o Jardim do Éden. Assim, sutilmente, acreditamos nesse discurso que mascara a desobediência e a rebeldia, indo completamente ao oposto do que Jesus diz em João 8.32: "E conhecerão a verdade, e a verdade os libertará". É por meio da verdade que somos, de fato, livres dos falsos conceitos, das superstições e pensamentos equivocados.

A lista é grande, percebe? Poderíamos incluir muitas outras concepções aparentemente certas, mas que nos levam ao engano. Todas essas mentiras citadas, além das que nem estão aqui, acabam se tornando uma verdade para nós, de tanto que as ouvimos. Algumas delas são difíceis de serem detectadas já que aparentam ser condizentes com a realidade em que vivemos e, por isso, parecem autênticas. O Inimigo usa uma combinação inteligente de meias verdades e falsidades até que passemos a acreditar que elas são reais ou inofensivas.

Portanto, para começarmos a experimentar uma transformação em nossas vidas sentimentais, precisaremos nos proteger dos principais enganos do Diabo. E, para isso, é necessário desenvolver raízes sólidas em nós, que não serão abaladas por qualquer coisa que for diferente da Verdade. A nossa identidade – quem somos e porque somos – está diretamente ligada ao nosso propósito na Terra. É exatamente por isso que o Inimigo fará de tudo para nos distanciar do nosso alvo, atacando o mais íntimo do nosso ser.

DESCUBRA O PROPÓSITO DE DEUS PARA SUA VIDA

Foi fazendo a leitura anual da Bíblia, quando adolescente, que li um versículo que constantemente gerava certa inquietação dentro de mim, passando a me confrontar dia e noite após a sua leitura: "Os teus olhos viram o meu embrião; todos os dias determinados para mim foram escritos no teu livro antes de qualquer deles existir" (Salmos 139.16). Lembro como se fosse ontem, fiquei pensando: "Como é que é? Deus tem um livro, e nele escreveu uma história antes mesmo que eu existisse?". Essa agitação dentro de mim persistiu até o dia em que pensei: "Quem garante que a vida que estou vivendo hoje, minhas escolhas até aqui e os sonhos que carrego no meu coração estão alinhados com a mesma história escrita em Seu livro?". A partir de então, comecei a me questionar e pôr à prova meus sentimentos e planos.

No decorrer dos dias seguintes, outros textos bíblicos trouxeram ainda mais sentido para a guerra que estava instalada dentro de mim por tanto tempo: "Antes de formá-lo no ventre eu o escolhi; antes de você nascer, eu o separei e o designei profeta às nações" (Jeremias 1.5). Alguns capítulos adiante, deparei-me com outro versículo que dizia: "Pois eu bem sei os planos que estou projetando para vós, diz o Senhor; planos de paz, e não de mal, para vos dar um futuro e uma esperança" (Jeremias 29.11 – Almeida Revisada Imprensa Bíblica). Algo começava fazer sentido como se pudesse enxergar as peças do quebra-cabeça gigante da minha vida.

Com isso, comecei a perseguir a resposta para descobrir o que Deus tinha para mim. Em minhas orações diárias, eu perguntava: "Senhor, eu anseio saber o que escreveu a meu respeito quando eu ainda estava no ventre da minha mãe". Sem perceber, eu estava, na verdade, iniciando a jornada para descobrir meu propósito de vida. Mais e mais textos vieram[4] para me trazer convicção de que existiriam duas opções: a primeira, em que eu poderia viver minhas escolhas; ou a segunda, descobrir a vontade de Deus.

A partir dessa perspectiva, quando compreendemos que os planos de Deus não são destinados somente para algumas pessoas, enxergamos o papel que cada um de nós representa em sua singularidade. Muitos acham que fazer a vontade d'Ele é uma ordenança designada somente àqueles que têm um chamado específico. Mas isso não é verdade, pois o Senhor tem planos específicos para nossa vida. Se não sabíamos disso ou não tínhamos clareza sobre esses assuntos até então, agora temos! Um bom ponto de partida é começar a refletir sobre as perguntas abaixo e, em nosso tempo com Deus, buscarmos as respostas feitas unicamente para cada um de nós.

---

[4] Leia também: 1 Reis 8.23; Salmos 37.34; 40.8; 143.10; Mateus 7.21; Marcos 3.34-35; João 9.31; Romanos 8.27; 12.2; 1 João 2.17; 5.14-19; 1 Pedro 4.2.

Você tem clareza sobre a vontade de Deus para sua vida?

Qual é seu propósito?

Para que Ele fez você estar vivo exatamente em um tempo como este?

Descubra um motivo para morrer – o que deixa você indignado – e então encontrará a razão de estar vivo!

Além disso, é importante ressaltarmos que, quando se trata da vontade de Deus, existem duas concepções: Sua vontade universal e a específica. A vontade universal é a mais evidente, pois já está expressa em Sua Palavra, e nos ensina a amá-lO acima de todas as coisas, amar também o próximo, perdoar nossos ofensores, buscar a santificação, dar graças a Deus em toda e qualquer circunstância, assim como praticar o bem a todos. Já a vontade específica é a que temos mais dificuldade de compreender e, consequentemente, viver. Isso, porque ela é individualizada e, portanto, refere-se às áreas singulares na vida de cada um dos Seus filhos. Um bom exemplo disso é quando precisamos discernir qual a pessoa com quem iremos nos casar, a profissão que iremos escolher, a oportunidade de emprego que iremos aceitar, se mudaremos de país ou não, e até mesmo em qual comunidade congregaremos.

Para cada esfera da nossa vida, precisaremos tomar decisões alinhadas com o propósito pelo qual Deus nos criou. Se a maioria de nossas escolhas fossem pautadas sob a direção do Criador, teríamos muito mais motivos para sorrir do que razões para chorar. No entanto, para alguns cristãos, esse discurso soa como utopia, pois se questionam o quanto é possível viver sob um nível tão grande de intervenção divina. E realmente até parece difícil crer que esse estilo de vida seja realidade, tendo em vista que a maioria das pessoas com quem convivemos – inclusive líderes eclesiásticos – levam suas vidas apenas tomando decisões autônomas, ou seja, independentes de Deus.

O mais curioso é que, mesmo dentro da igreja, por falta de conhecimento bíblico, muitas pessoas sequer imaginam que deveriam buscar direcionamento para as escolhas de suas vidas debaixo da vontade específica de Deus. Quando desconhecemos o que Ele pensa sobre cada área importante da nossa vida, como romance, profissão, carreira, vocação ou estudos, enfrentamos muitas dúvidas na hora de tomar uma decisão do que fazer. Nesses momentos, infelizmente, alguns confiam na intuição, na voz interior. Outros ouvem conselhos ou agem no calor do momento. E ainda há aqueles que se deixam levar no estilo: "Deixa rolar... Vamos ver em que isso vai dar". Muitos ficam tão confusos, angustiados e ansiosos que chegam a perder o sono. Isso é muito perigoso, pois, se esses e outros comportamentos são capazes de interferir tanto em nossas escolhas, só nos mostra o quanto, na verdade, não temos clareza sobre o propósito de Deus para nossas vidas. São nesses momentos ou situações que deixamos que um conjunto de fatores roube de nós a paz e a capacidade de discernir qual decisão tomar.

Um exemplo de vida saudável é o de Jesus. Ele começou Seu ministério aqui na Terra ainda jovem, com aproximadamente 30 anos de idade. Aliás, também morreu cedo, com apenas 33 anos. Como explicar que, em pouco mais de três anos, um Homem conseguiu revolucionar cidades, marcando profundamente as pessoas da Sua época, deixando um legado que tem influenciado bilhões ao longo de dois mil anos? Simples! Ele sabia quem era, tinha clareza de sua identidade e também conhecia qual era a Sua missão, para que veio, qual o Seu propósito e destino na Terra. "Eu vim para que vocês tenham vida e a tenham em abundância" (João 10.10), dizia Ele a Seus discípulos. Existe uma porção de textos bíblicos[5] em que Jesus deixa bem claro o que veio fazer entre nós.

---

[5] Conferir Lucas 19.10; João 6.38-40; Marcos 10.45; Mateus 9.12-13 e João 3.17.

O Filho de Deus tinha convicção de quem era e por que fez o que fez. Mas eu pergunto, e você? Sabe quem é, de fato, ou vive sua vida em função do que as pessoas falam sobre você? Essa resposta não vem dos nossos pais, amigos e conhecidos, assim como também não pode surgir de nós. Essa afirmação vem diretamente do coração do Pai. Se ainda não conhecemos ou não compreendemos alguma parte, este é um bom momento para descobrirmos nossa identidade e destino em sua totalidade, já que foi Ele quem escreveu uma história a nosso respeito.

É sabendo quem somos que conseguiremos nos tornar um bom ímpar, até que chegue a hora de desfrutar do novo ciclo de sermos par. No entanto, neste momento histórico em que é socialmente questionável permanecer solteiro, muitos cristãos têm se deixado pressionar, preocupando-se inteiramente com a companhia da jornada, sem examinar sua própria condição, tampouco dando a importância necessária ao seu futuro. Na busca de querer ter alguém, esquecem do essencial: ser essa pessoa. Colocam a vida amorosa como sua principal preocupação ou prioridade, o que não deveria acontecer.

Por outro lado, por conta das últimas decepções que viveram, algumas pessoas parecem pôr uma pedra em cima desse tópico, com a intenção de abandonar esses pensamentos de que não querem ninguém nunca mais. Nesses casos, é preciso passar por um processo de cura. Até porque na vida existem várias decisões importantes que precisaremos tomar, e, se não lidarmos com essas feridas de alma antes de nos envolvermos com alguém, muito provavelmente a forma como agiremos no relacionamento estará profundamente ligada às experiências que tivemos anteriormente.

Se desejamos realmente descobrir como podemos transformar nossa vida sentimental, é extremamente importante cuidar de nós mesmos e reconhecer o que precisamos desenvolver, melhorar ou mudar antes de nos envolvermos com alguém. Muitas vezes, esperamos que uma transformação dos Céus aconteça do dia para a noite. Ou que mudanças sobrenaturais aconteçam em nossas vidas através de orações poderosas, feitas por líderes superespirituais, ou ainda, uma resposta divina imediata quando clamamos pedindo por transformações. Essas coisas podem até acontecer da noite para o dia, mas são situações extremamente raras. Sabe por que as mudanças de um dia para o outro são tão incomuns? Por conta da nossa MENTALIDADE! Sem a metanoia, vamos continuar repetindo os velhos comportamentos. As pessoas querem soluções rápidas e simples para tudo, mas a verdade é que elas não costumam trazer mudanças efetivas.

Fazer mudanças duradouras é um processo ao qual precisamos nos submeter. Do mesmo modo que a conversão é um caminho que escolhemos seguir, passando por diversas etapas. Muitos acham que, ao receber Jesus em um apelo de culto ou levantando a sua mão, tudo será transformado. Aceitar Cristo como seu Senhor e Salvador é uma escolha, mais precisamente uma atitude. A conversão é a decisão de mudar, é entregar as rédeas das nossas vidas nas mãos do Pai. Precisamos entender que o preço vale a pena! Permita que Deus cure suas feridas, renove sua mente e te mostre quem você verdadeiramente é. Ele deseja revelar seu propósito e seu destino para que possamos nos transformar em um bom ímpar, e assim procurar nosso par!

CAPÍTULO 2
O QUE EU PRECISO TER PARA SER UM BOM PARTIDO?

ANGELA CRISTINA

Todos nós queremos ter uma vida saudável, uma juventude plena e cheia de alegrias. E isso também serve para as questões do coração. O problema é que a maioria das pessoas sofre demais na área sentimental e, assim, acaba deixando essa parte sem cuidados. Por consequência, muitos tornam-se agitados demais, ansiosos sem motivo aparente, pessimistas em situações que demandam certa confiança e, por fim, feridos.

É fácil perceber esses padrões sendo repetidos pelos outros, mas dificilmente nos damos conta de que também passamos por essas situações. Pense bem: será que você tem protegido e cuidado da sua mente e do seu coração, ou a maioria de suas escolhas é como um barco à deriva e sem bússola? Consegue perceber a gravidade que é viver sem rumo? Temos de estar atentos ao que optamos, cuidar de nosso coração, porque ele é nossa casa. Não permitiríamos que um estranho invadisse o nosso lar sem reagir, não é mesmo? É exatamente por isso que o perigo se encontra em entrarmos em relacionamentos tóxicos e permitirmos que pessoas ocupem o que temos de mais valioso e mais importante do que bens materiais: o jardim da nossa alma.

De nada adiantará nos preocuparmos mais com o excesso de peso físico do que com cuidarmos de nossa obesidade emocional. Muitos investem em fazer exercícios na academia e manter o físico em seu peso ideal, mas se esquecem de treinar, fortalecer e cuidar do seu interior, das suas emoções. Continuamente ouvimos que o mal desta geração é ter um corpo bonito, mas a alma nem tanto assim e, além disso tudo, uma mente ferida. Cuidamos da higiene pessoal (alguns nem isso), mas não nos preocupamos com o lixo entulhado em nosso coração.

No entanto, se formos prósperos emocionalmente, como consequência, seremos em todas as áreas de nossas vidas. "Mas essa afirmação está correta? A vida espiritual não deveria ser nossa maior prioridade?", você pode estar se perguntando. De fato, essa parte deveria influenciar e muito a nossa alma. Mas ao que temos assistido neste tempo é como as emoções têm impactado diretamente nossa conexão com os Céus. Se não estivermos bem emocionalmente, é impressionante como todas as outras áreas serão influenciadas, inclusive a nossa comunhão com Deus.

Muitos talvez não saibam, mas grande parte das decepções amorosas e os fracassos que enfrentamos em outras áreas de nossa vida são de ordem emocional, e não espiritual. Por essa razão, temos de cuidar dos nossos sentimentos quando encaramos determinada situação, para que a confusão existente em nossas emoções não se transforme em uma grande arma destrutiva contra nós mesmos. A respeito disso, algo que nos intriga é pensar que o tempo da escravidão acabou, mas apenas fisicamente, pois os "escravos modernos" estão aprisionados em suas mentes pelo medo, insegurança, ansiedade e traumas. O impacto que esses sentimentos causam em nós é tão grande que necessitamos dar atenção específica para essas questões com o objetivo e alcançar um equilíbrio em nosso organismo.

Para termos uma vida saudável, precisamos desenvolver as três grandes áreas: corpo, espírito e alma. A primeira envolve, por exemplo, cuidados como prática regular de atividades físicas e reeducação alimentar. A segunda está relacionada à fé religiosa, ou seja, a maneira que nos relacionamos com Deus. E, por fim, a saúde emocional: nosso bem-estar psicológico em geral, incluindo a forma de nos sentirmos em relação a nós mesmos e a qualidade dos nossos relacionamentos com os outros. Também inclui a capacidade de controlarmos os nossos sentimentos e a maneira como enfrentamos as dificuldades. Uma pessoa pode ser fisicamente sadia e espiritualmente doente. Como também existem aqueles que só cuidam das questões espirituais e são relaxados com a saúde física. Além disso, podemos não ter distúrbios psíquicos, como bipolaridade ou esquizofrenia, mas ainda assim estarmos doentes emocionalmente. Essa condição acaba nos trazendo muito sofrimento simplesmente por não termos desenvolvido hábitos que contribuíram para a saúde dessa área. Estarmos bem com nossa mente é muito mais que nos encontrarmos livres de depressão, ansiedade ou outros problemas psicológicos ou psiquiátricos. Na realidade, tem mais a ver com o equilíbrio das três partes essenciais de nossa vida, pois elas são de extrema importância para conseguirmos desenvolver um relacionamento saudável.

Assim, um bom namoro ou casamento só é possível através da conversão de nossas mentes quando nos submetemos aos padrões do Pai, como está escrito em Romanos 12. Assim, trazemos à tona a saúde emocional que tanto precisamos, já que algumas emoções prejudicam esse processo. Isso, porque são elas que carregam peso e adoecem as nossas relações, provocando decepções, criando traumas e nos fazendo sofrer. Já que é bem verdade que por conta dessas questões complicamos a forma como encaramos nossos relacionamentos.

Ao longo das próximas páginas, esclareceremos alguns pontos que, podemos dizer, são os mais tóxicos, baseado na nossa experiência no tema, sendo que o primeiro deles é o mais famoso de todos.

CARÊNCIA AFETIVA

Essa é a campeã das emoções tóxicas na atualidade. É extremamente comum que as pessoas ao nosso redor apresentem, em algum grau, essa alteração emocional. E isso, em grande parte, se deve ao fato de que o tempo em que vivemos trouxe muitos benefícios ao nosso cotidiano, mas, junto com ele, a individualidade tem crescido assustadoramente. Nunca estivemos tão conectados e tão sozinhos ao mesmo tempo. E essa situação só faz com que a carência afetiva existente em nós aumente ainda mais.

Outro ponto sobre essa carência de afeto é que dificilmente conseguiremos diferenciá-la do amor! É muito fácil nos apaixonarmos por alguém, quando, na verdade, o que estamos sentindo é um grande vazio emocional, ou até saudade de uma pessoa querida, que não está mais lá. No entanto, o que acontece é que pessoas carentes constroem relacionamentos dependentes e, sem perceber, enganam os outros e a si mesmas. Isso, porque a carência é guiada pela cegueira, pois nos bloqueia a visão real do estado emocional em que nos encontramos. Ela faz com que busquemos relacionamentos para preencher as lacunas em nós. Somos tão necessitados de "alguém", tanto homens quanto mulheres, que, ao tentarmos sanar esse transtorno em nossas emoções, nós nos precipitamos tomando decisões erradas. Ou ainda temos tanto medo de ficarmos sós para sempre que acabamos preferindo uma má companhia à solidão. Não percebemos que nos tornamos mais infelizes por escolhermos um(a) companheiro(a) ruim, que não suprirá nossas deficiências afetivas, e continuaremos sós, mesmo estando acompanhados.

O perigo de levar a carência para o relacionamento é que sempre procuraremos no outro algo que falta em nós. Se necessitamos de alguém para alcançar a felicidade, ou de uma companhia para nos sentirmos bem e completamente amados, isso não é paixão, muito menos amor, mas pode ser dependência emocional. Essa afeição destrutiva nos torna eternamente insatisfeitos e nos deixa menos seletivos, pois acaba nos fazendo uma presa fácil das escolhas erradas. Quando somos excessivamente carentes, acabamos nos envolvendo com pessoas difíceis, ciumentas demais, insensíveis ou com personalidades totalmente diferentes do que gostaríamos de ter ao nosso lado. Por medo da solidão, nos tornamos escravos da ilusão de que estar com alguém nos salvará da carência que há em nós, pois não conseguimos enxergar que continuaremos sem o afeto que tanto queríamos.

Por isso, tome cuidado com a carência, pois ela nos faz confundir saudade com amor, apego com paixão, e "posse" com compromisso. Por causa dela, pessoas incríveis abrem mão da sua felicidade para ter uma companhia e permitem que relacionamentos doentios e abusivos marquem suas histórias para o resto da vida. Muitos acabam sendo iludidos por acreditarem que a melhor maneira de suprir suas necessidades afetivas é se relacionando com alguém, pois pensam que não conseguem ficar sozinhos.

Entretanto, existem outras fontes de afeto de que podemos desfrutar e que podem nos ajudar, como nossa família, amigos da igreja, colegas de trabalho e faculdade, por exemplo. E, se nos relacionarmos de maneira sábia, eles poderão nos fortalecer, trazendo o apoio que tanto precisamos – ainda que muitas, vezes nosso, coração esteja duro e teimemos em achar que só um "amor" vai nos saciar. Há também a pressão da sociedade, que nos instiga a namorar ou casar como se isso fosse garantia de plenitude emocional, mas é um engano! É só mais uma daquelas mentiras que falamos anteriormente, pois existe, sim, uma maneira de estarmos plenos emocionalmente mesmo solteiros.

A carência emocional não se resolve quando conhecemos alguém. Se sofremos de necessidade afetiva, quando encontramos um(a) parceiro(a), esse sentimento se infiltra dentro da relação e, sem perceber, passamos a mendigar amor, cobrando atenção excessiva do outro. Esse tipo de atitude traz desgaste para o relacionamento, porque, por mais que se esforce, a pessoa com quem estamos comprometidos nunca conseguirá suprir nossa necessidade. Assim, continuaremos sofrendo, sentindo-nos pouco amados, sugando as forças do(a) outro(a) e nunca estando completamente satisfeitos.

A verdade é que ninguém gosta de uma pessoa carente, porque ela se torna extremamente dependente para ser feliz. Quando, no relacionamento, um dos lados precisa carregar o fardo de fazer o outro se sentir bem o tempo inteiro, acaba se sentindo sufocado e a relação fica insuportável. Resumindo: quem é carente não consegue manter relacionamentos duradouros, o que piora sua condição emocional.

Agora, se pensarmos em nossos relacionamentos, o que temos levado para dentro deles: plenitude ou carência? O vazio dentro de nós produz uma força poderosa capaz de nos iludir. Se somos pessoas que cobram demais a presença dos amigos, que faz esforço para chamar atenção o tempo todo ou que se sente rejeitada com facilidade, precisamos procurar ajuda. Esses sinais indicam que algo na nossa vida está incompleto, refletindo em carência.

COMO LIDAR COM A CARÊNCIA?

Se você leu tudo o que foi exposto acima e se identificou com o que falamos, reconhecendo que sofre de carência, vamos deixar aqui algumas orientações práticas que vão te ajudar a mudar:

Busque ajuda: Não se esqueça do poder que há em ser acompanhado por pessoas de sua confiança. Procure alguém como um conselheiro profissional cristão, um líder espiritual ou amigos maduros na fé. Além dessas pessoas, os psicólogos e psicanalistas também são de grande utilidade nesses momentos.

Receba amor: Quando você começar a identificar a carência chegando, olhe para si e veja que existem opções melhores do que estar mergulhado em um relacionamento apenas por conta dessa necessidade. Amor não existe só em relações românticas. Aprenda que este sentimento também está lá quando você convive com seus pais, amigos, colegas de trabalho e irmãos da igreja que frequenta.

Relacione-se com Deus: Quando você tiver o entendimento de quem é o Espírito Santo, compreenderá a realidade de que nunca estamos sozinhos. Somente no Eterno, você encontrará todo amor que necessita. Nenhum outro relacionamento o suprirá como a intimidade com Deus.

A verdade é que, para curar a carência afetiva, precisamos entender que ninguém poderá realmente entrar em nosso coração no lugar da peça que está faltando. Somente o Senhor tem esse poder. Essa lacuna que nos faz sentir vazios é do tamanho exato de Deus. Nenhum homem ou mulher terá capacidade de matar essa "fome" e saciar essa "sede", a não ser Jesus. Ele mesmo diz: "Eu sou o pão da vida; aquele que vem a mim não terá fome, e quem crê em mim nunca terá sede" (João 6.35). O Seu desejo é preencher nosso coração, curar nossas feridas e nos renovar, para que tenhamos relacionamentos saudáveis e sejamos o cônjuge que Ele sempre sonhou que fôssemos.

TRAÇOS DE ORFANDADE

Outra peculiaridade que, de certa forma, todos terão de lidar em algum grau são os traços de orfandade e as questões ligadas à paternidade. Dessa ninguém escapa. Tendo pais presentes, ausentes, superprestativos ou que chamamos de família disfuncional, ainda que o ambiente seja dos mais favoráveis ou não, no fundo, sempre levamos em conta a forma como nos relacionamos com a figura do nosso pai terreno. Automaticamente, muitas vezes sem nem pensar, já associamos o nosso relacionamento com Deus, o nosso Pai eterno, com a convivência que temos com os nossos pais aqui da Terra. E esse é um dos maiores empecilhos com que teremos de lidar para desfrutarmos de um relacionamento saudável, primeiramente com o Senhor e, consecutivamente, com as demais pessoas ao nosso redor – especialmente com aquela que escolheremos passar toda a nossa vida juntos.

Como alguns, eu também tive de me resolver e tratar essas questões no meu coração. Quando pequena, não tive a oportunidade de crescer em um lar cristão. Sou filha de pais separados, mas isso nunca foi um incômodo para mim. Nunca houve uma figura paterna ou masculina na minha vida. Meus avós morreram cedo, tive pouco contato com meus tios, e minha mãe, depois que se separou do meu pai, escolheu não se casar novamente. Fui criada por uma mãe maravilhosa, e não tenho palavras para expressar quão fantástica foi a minha infância. Via meu pai esporadicamente e sempre tive um bom relacionamento com ele. Para mim, estava tudo bem. Mas só consegui perceber a falta que um pai pode fazer quando me casei.

Com o passar dos dias em nosso casamento, percebi uma grande necessidade de estar com Nelson o tempo todo. Era engraçado, porque, logo após nos casarmos, começamos a trabalhar juntos e não nos desgrudávamos. Era acordar, tomar café juntos e permanecer assim durante todo o dia. E, à noite, ainda éramos copastores de uma igreja. Literalmente, eram 24 horas ao lado um do outro! Porém, todo esse tempo não era suficiente para mim. Chegávamos em casa e eu ainda queria conversar, deitar bem juntinho dele, e reclamava com frequência, cobrando: "Amor, nem ficamos juntos!". Claro que sabia que tínhamos passado o dia todo um com o outro, mas o que eu queria dizer é que, durante o dia, eu não tinha a atenção dele toda para mim. Mesmo com toda essa rotina em comum, eu ainda não ficava satisfeita. Na realidade, permanecia frustrada e triste, e demorei bastante tempo para entender que eu estava buscando suprir minhas necessidades na pessoa errada. Custei a aceitar que homem nenhum conseguiria tal façanha, porque o único que preencheria os vazios existentes na minha alma, curando as feridas do meu coração, era e continua sendo o Senhor.

COMO DEIXAR OS TRAÇOS DE ORFANDADE?

Ainda que você viva outra realidade, diferente da que passei, de alguma forma terá de lidar com um buraco em seu coração, que só poderá ser completo por Deus. Para deixarmos os traços de orfandade, sejam eles quais forem, precisaremos nos reconhecer como filhos do único Pai perfeito, que nunca falha e sempre está disponível a nos ajudar. Somente Ele é capaz de suprir todas as nossas necessidades e nos afirmar com nossa verdadeira identidade. Não como as pessoas ao nosso redor, que nos reconhecem pelo que fazemos, mas sim por quem Ele nos criou para sermos.

Foi exatamente assim que fui verdadeiramente curada da minha carência e orfandade, quando experimentei a paternidade de Deus. A figura paterna que eu precisava não estava no Nelson, e sim em nosso Pai celestial! Quando me dei conta disso, um novo mundo se abriu diante dos meus olhos, e deixei que o Senhor preenchesse aquele vazio que existia dentro de mim. A frustração se foi, a cobrança também, e foi ao longo desse processo que entendi que nossas carências emocionais só podem ser resolvidas por Deus. Se buscarmos isso em homens, nunca seremos saciados. Principalmente nós, mulheres, que temos a tendência de nos medirmos pelo que eles dizem sobre nós. Mas os rapazes também enfrentam esses dilemas quando se deparam com a realidade de terem de provar para o mundo que são capazes e fortes o suficiente para enfrentarem qualquer obstáculo.

Quando eu recebi o amor do Pai, descobri em Deus uma figura paterna maravilhosa. Nenhum homem poderia exercer com maestria esse papel como Ele o faz. Sempre que preciso, Deus está ali, com um abraço aconchegante e apertado para me oferecer. Eu pude entender, na prática, que eu era uma filha amada e aceita, e que Seu amor me preencheria por completo todos os dias. Ele, sim, se importava comigo, cuidando de mim desde o dia em que nasci. Deus é o Pai que não deixa nada faltar, que me ama incondicionalmente e provê todas as minhas necessidades, tanto materiais como emocionais. Por diversas vezes, experimentei Seu zelo por mim, pois Ele sempre ministrava ao meu coração quando me sentia só ou quando estava desapontada com alguma coisa. Eu recebia consolo simplesmente por escolher descansar em Seu colo. Reconhecia que Ele estava comigo, suprindo desde as roupas que eu precisava até os recursos financeiros na época do nascimento de minhas filhas. Ele é meu Pai, e saber disso me curou totalmente!

Por isso, quando falamos sobre a jornada de encontrar nosso par, precisamos estar resolvidos em alguns pontos antes de entrarmos em um relacionamento. Principalmente porque muitos ainda acham que, quando encontrarem o amor de suas vidas, essa pessoa será responsável por sua felicidade e saúde emocional, proporcionando o que precisam, mas essa é mais uma mentira! O provedor das nossas necessidades emocionais é o nosso Pai celestial. Algo que precisamos entender é que, antes de qualquer outra coisa, precisamos nos achar em Deus para depois encontrar alguém.

DEPENDÊNCIA EMOCIONAL

Assim como as questões anteriores, a dependência emocional é outra armadilha que nos prende e acaba nos mantendo longe da vontade de Deus. Esse tipo de transtorno mental nos confunde na hora de fazermos as escolhas certas. Ainda que possa parecer inofensivo, por muitas vezes, carregamos este mal ao longo da nossa vida. Na cabeça de quem é dependente emocional, existe a ilusão de que não será capaz de viver sem a pessoa amada, por não conseguir enxergar o futuro sem ela: "O que seria de mim sem o fulano?".

O interessante, e o que muitos não percebem, é que a dependência emocional pode acontecer tanto nos relacionamentos amorosos como em amizades. O medo de perder o outro pode nos tornar reféns, porque, para tê-lo por perto, nós nos submetemos às suas vontades e opiniões, perdendo a dignidade, chegando ao extremo ter as nossas características de personalidade alteradas. O refém emocional vive em função de agradar outras pessoas para não ser deixado de lado. Discordar? Nem pensar! É possível que alguém passe anos se submetendo a maus tratos até conseguir juntar forças e procurar ajuda, ou decidir por ele mesmo se desvencilhar de um relacionameto abusivo.

Por outro lado, o dependente emocional também aprisiona o outro, pois ele está tão carente de afeto, atenção e presença física que acaba sufocando seu companheiro, o que faz com que o relacionamento seja doentio.

Talvez, você possa estar reconhecendo algumas situações do seu cotidiano enquanto lê estas páginas. Então, algo que precisa estar bem claro é que Deus não sonhou com esse tipo de relacionamento para você. Quem sabe essa foi uma realidade que você viveu na sua casa, onde um dos seus pais era dependente emocional do outro, e você acabou achando que isso era natural. Mas posso lhe dizer com todas as letras que não é! A Bíblia é muito clara sobre o fato de sermos livres: "Estai, pois, firmes na liberdade com que Cristo nos libertou, e não torneis a colocar-vos debaixo do jugo da servidão" (Gálatas 5.1 – ACF). Por isso, quem é dependente emocional não está livre, mas sim amarrado a alguém.

Ser dependente significa estar subordinado ou sujeito a algo ou alguém, assim como também se refere a um indivíduo que não consegue se manter sozinho e vive à custa dos outros. Por esse motivo, não podemos depender de outra pessoa que não seja o Pai que está nos Céus. Não estou dizendo que não devemos nos sujeitar uns aos outros, até porque ninguém vive sozinho, pois somos ligados uns aos outros em Jesus. Esse tipo de interrelação é saudável, não traz jugo nem nos faz reféns. Não é sobre esse ponto que estamos falando, mas daqueles que perderam suas identidades, não se reconhecem sem a outra pessoa, dos que acham que a razão de serem felizes está no outro ou, ainda, que não seriam nada sem esse alguém do lado. Sim, esse são escravos emocionais, e às vezes nem se dão conta.

COMO DEIXAR A DEPENDÊNCIA?

O primeiro passo, com certeza, é reconhecer nossa dependência de quem amamos. Jesus nos diz, em João 10.10, que o ladrão vem para matar, roubar e destruir, pois seu objetivo é nos ver como prisioneiros emocionais até estarmos tão feridos que não acreditaremos mais no amor. Porém, o mesmo versículo também diz que Ele, o Amado das nossas almas, veio para nos dar vida em abundância. Que maravilha! Não é um pouco de vida, é muita mesmo. É uma vida cheia de amor, de alegria, de liberdade para sermos quem somos, sem medo do abandono. Dessa forma, precisaremos tomar a palavra de Deus como a única verdade em nossas vidas. Saiba que é hora de mudarmos e de recebermos a vida abundante que Ele tem para nós e, assim, sermos completamente livres dessa situação.

O segundo passo é entender que o que vivemos, as experiências ruins que tivemos, não são resultado de amor, mas dependência. Quem nos ama nunca ameaçará ir embora se não obedecermos ou não nos submetermos. Pelo contrário, quem se importa conosco, cuida de nós e nos impulsiona para viver tudo o que Deus tem para nós. Não devemos ter medo de trocar a dependência pelo amor. Sem sombra de dúvida, o amor sempre será melhor. Permanecer com esse medo é o mesmo que escolher uma pedra no lugar do diamante.

Por fim, decida expulsar o medo. É ele que nos manipula e paralisa, mantendo-nos nessa situação de reféns. É hora de dar um basta. Até quando você vai ficar preso nessa circunstância? Se for preciso, procure ajuda psicológica, seja acompanhado por um profissional, busque auxílio de amigos, abra seu coração, não fique parado. A mudança é uma porta que só pode ser aberta por dentro.

INSEGURANÇA

A insegurança é um sentimento que nos faz acreditar que não estamos preparados ou capacitados para nos relacionar, além de nos fazer sentir medo e ansiedade. Ela traz a constante sensação de desconfiança, pois a qualquer momento podemos perder a pessoa amada. Por sua vez, a impressão de não estarmos seguros traz consigo o sentimento de inferioridade, pois nos faz achar que não somos bons o suficiente para sermos amados, aceitos ou reconhecidos. Por mais que a realidade mostre o contrário, nós nos sentimos incapazes e com o sentimento de que não merecemos nada. Seja no âmbito profissional, social, amoroso ou espiritual, a falta de convicção em si mesmo pode ser destruidora.

Muitos relacionamentos sequer começam por causa da insegurança. Isso, porque os indivíduos não se acham dignos da outra pessoa e muito menos têm coragem de tentar. Já outros são interrompidos porque essa instabilidade emocional os faz acreditar que serão abandonados. Assim, o inseguro passa a desconfiar do parceiro, fica ciumento e possessivo, levando o relacionamento "ao brejo".

Alguém que é inseguro não sabe quem é em Deus, não tem consciência do seu valor e, por isso, sua vida espiritual também é prejudicada. Sua insegurança impede que essa pessoa cresça em confiança e prossiga amadurecendo em uma vida de intimidade com o Pai.

O QUE FAZER COM A INSEGURANÇA?

O primeiro passo para deixar esse sentimento de lado e conquistar a autoconfiança é a busca do autoconhecimento. Não estamos falando daquela segurança em si mesmo, que não depende de Deus, mas de saber que Ele nos confiou dons, virtudes e qualidades, e deseja que nos encontremos preparados para usá-los, inclusive em nossa vida emocional e em nossos relacionamentos. Alguém que sabe o que pode fazer, porque Deus o escolheu, que tem seu valor, pois o Senhor o confiou para uma missão. Somos qualificados não pelo que dizem de nós, mas porque fomos escolhidos a dedo pelo Criador. Não somos um acidente! Existem propósitos e sonhos a nosso respeito. Precisamos descobrir e valorizar aquilo que Ele nos deu. Assim, quem estiver ao nosso lado também vai admirar, valorizar e amar isso tudo em nós.

Pessoas inseguras definem a si mesmas como facilmente substituíveis, sem valor e predestinadas a fracassar. Isso é uma mentira! Podemos nos sentir assim porque, um dia, alguém disse algo e, até hoje, nos baseamos naquelas palavras. Ou ainda por termos visto e sentido coisas no passado que nos levaram a várias conclusões a respeito de nós mesmos. Seja qual for a maneira como as nossas inseguranças vieram, elas são anuladas quando estamos firmados na fé. "Ora, a fé é a certeza daquilo que esperamos e a prova das coisas que não vemos" (Hebreus 11.1). Esse versículo diz, basicamente, que precisamos crer independentemente do que vemos, pensamos, sentimos ou ouvimos. Crer não no que as pessoas dizem de nós, ou no que nós mesmos pensamos que somos, mas acreditar no que Deus diz a nosso respeito. E é exatamente isso o que precisamos fazer a partir de hoje: conhecer quem somos em Deus, o valor que temos para Ele e os sonhos que o Senhor tem a nosso respeito.

Tome isso como uma verdade. Acredite e tenha fé em si mesmo, porque Deus acredita em você. Ele é a sua segurança, a sua capacidade e seu porto seguro. Vivendo dessa forma, você será autoconfiante. O desapontamento, as frustrações, as circunstâncias ruins virão, mas em vez de ficar desanimado ou inseguro, você confiará n'Aquele que o capacitou para superar o que quer que aconteça. Como Paulo escreveu aos filipenses:

> Não andem ansiosos [inseguros] por coisa alguma, mas em tudo, pela oração e súplicas, e com ação de graças, apresentem seus pedidos a Deus. E a paz de Deus, que excede todo o entendimento, guardará o coração e a mente de vocês em Cristo Jesus. (Filipenses 4.6-7 – acréscimo da autora)

Que o Espírito Santo derrame muito amor e que você se sinta seguro nos braços d'Aquele que nunca nos deixará sós!

LIVRE-SE DOS PECADOS DE ESTIMAÇÃO

Talvez você tenha achado essa expressão estranha, "pecado de estimação". Afinal, não há referências bíblicas dizendo que alguns pecados devam ser estimados, com certo apreço por eles. Pelo contrário, eles precisam ser repelidos. E, propositalmente, os chamamos assim para despertar sua atenção e curiosidade. Esses "pecados de estimação" são aquelas velhas práticas que nunca nos abandonam. Muitas vezes, as consideramos como fraquezas, mas, na verdade, não se tratam de defeitos, e sim de pecados. São as atitudes, pensamentos ou sentimentos que sabemos que entristecem o coração de Deus. Eles podem ser facilmente reconhecidos, porque reincidem ao longo dos nossos dias. E quando os cometemos, sentimos muita tristeza, e logo prometemos que não faremos de novo. Porém, o tempo passa, e quando menos esperamos, caímos no mesmo erro novamente. No momento em que cometemos os pecados outra vez, eles geram, além da culpa, uma enorme frustração, pois, apesar das nossas promessas de não voltar a cometê-los, cedemos recorrentemente sem demonstrar muita resistência. O grande problema dos "pecados de estimação" é que eles começam como teia de aranha, mas, com o tempo, tornam-se uma camisa de força.

Existem algumas falhas com as quais talvez lutemos por um longo período. Há áreas de nossas vidas que requerem grande esforço para permanecermos fiéis ao Senhor. Pode ser que em algumas delas tenhamos sido derrotados, e talvez até desistido de lutar. Às vezes, chegamos ao ponto de acreditarmos que alguns comportamentos errados são parte de nossa personalidade, e não um pecado. Alguns exemplos são a maledicência, a ganância, o orgulho, a mentira, a idolatria, a compulsão, o vício sexual, a prática de sexo fora do casamento, a homossexualidade e a glutonaria – ato de comer exageradamente. Esses são pecados extremamente destrutivos, com os quais precisamos lidar decididamente.

O "pecado de estimação" sempre vai aparecer com uma máscara bonita para tentar nos convencer de que ele não pode ser tão ruim assim. Se a tentação bate à porta, tranque-a, pois é uma armadilha que rouba a poesia da vida e a alegria da alma. Charles Spurgeon[1] disse: "Pequenos pecados são como pequenos ladrões: abrem as portas para os maiores". Eles são pedras no caminho, que

---

[1] Charles Spurgeon foi um pregador britânico batista reformado, considerado um dos ícones do movimento puritano.

vão atrasar a sua jornada, podem frustrar e destruir relacionamentos que tinham tudo para dar certo. Eles trazem peso para a nossa bagagem emocional, por isso, é importante nos livrarmos deles de uma vez por todas. Por essa razão, enumeramos algumas posturas que vão te ajudar a vencê-los:

Decida mudar hoje: Recentemente, um teólogo e cientista revelou que o prazo de aplicação de um sermão é de 48 horas.[2] Ou seja, se em dois dias você não colocar em prática o que Deus lhe falou através daquela pregação, é muito improvável que vá retomar o assunto mais adiante. Não espere para amanhã. Posicione sua vida em direção à vontade de Deus agora!

Reveja seus caminhos: O pecado de estimação pode ter chegado à sua vida através de um caminho específico. Pode ter a ver com a forma como você foi criado ou ter relação com algo que lhe fizeram. É comum estar associado com as companhias e amizades que lhe cercam. Como esse pecado o alcançou e se tornou parte tão estrutural de quem você é? Reveja seu caminho e identifique essas brechas para as reconstruir e não ser mais afligido.

Ore continuamente: A maioria dos pecados viciantes ocupa, primeiramente, a dimensão do pensamento. Por isso, é importante transformarmos nossos pensamentos em orações. Se você se acostumar a orar, mesmo em meio ao cotidiano, o pecado que tem destruído sua vida vai, aos poucos, perdendo seu espaço. A oração é uma arma eficaz na guerra da carne contra o espírito.

---

[2] A teoria citada acima, conhecida como "A curva do esquecimento", é formada por diversos estudos que explicam como as informações são absorvidas e administradas pelo cérebro humano conforme o passar do tempo. Disponível em *https://guiadoestudante.abril.com.br/blog/dicas-estudo/3-passos-para-fixar-na-memoria-tudo-que-voce-estuda/*. Acesso em novembro de 2019.

Ocupe sua mente: A frase de William Cowper[3] é verdadeira e poderosa: "Falta de ocupação não é repouso; uma mente absolutamente vazia vive angustiada". Não cremos que a vitória venha através do ativismo. Pelo contrário, ele pode ser o pecado de estimação de alguns. Mas muitos hábitos pecaminosos têm a ver com a desocupação ou com a ocupação errada da mente. Logo, é importante enchermos nossos pensamentos com as coisas do Reino de Deus.

Busque acompanhamento: Nós precisamos de gente por perto. O texto de Tiago 5.16 afirma: "Portanto, confessem os seus pecados uns aos outros e orem uns pelos outros para serem curados. A oração de um justo é poderosa e eficaz". Ou seja, a confissão tem um importante papel no processo de cura interior. E é por este motivo que a pessoa que estará com você por toda a sua vida merece recebê-lo curado e inteiro. O maior obstáculo que levantamos em relação à confissão de pecados chama-se reputação. É bem comum resistirmos à ideia de falar sobre nossas fraquezas, porque expomos para outra pessoa um lado que, até então, estava obscuro dentro de nós. A primeira coisa que passa por nossa mente é: "O que vão pensar de mim?". Mas, mesmo que digam algo, é bom desmascararmos nossos pecados o quanto antes, para que outros não façam isso por nós depois. Aí, sim, será vergonhoso.

Diante disso, nosso objetivo com este livro é ajudar você a identificar tudo o que possa atrapalhar na hora de escolher seu parceiro para uma vida inteira. Acreditamos que a carência, os traços de orfandade, a dependência emocional, a insegurança e os pecados

---

[3] Famoso poeta inglês da época de Alexander Pope e William Wordsworth. Nascido na Inglaterra em 1731, tornou-se conhecido devido à defesa de suas ideias religiosas e humanitárias, com zelo moral do movimento antiescravidão, que ele apoiou fortemente, assim como a onda de entusiamo espiritual ligada ao grande Avivamento.

de estimação podem confundir e frustrar você nessa jornada, trazendo sofrimento para uma relação que precisa ser saudável.

O maior projeto de Deus para nós não é o casamento, e sim uma vida de devoção e santidade. O Senhor deseja que nos apresentemos puros diante d'Ele e, para isso, quer nos proteger (1 Pedro 1.5). Assim como também anseia que persigamos a estatura de maturidade de Cristo (Efésios 4.13), para que Sua semelhança se concretize integralmente em nossa vida quando a eternidade chegar (Salmo 17.15). Deus é digno da nossa vida inteira, e Ele a quer pura e santa para Sua glória.

Viver em santidade não é um conjunto de regras a serem cumpridas ou normas impostas a serem obedecidas. Santidade é uma escolha. Ser santo não é uma tentativa, mas uma decisão. Optar por isso não é algo que você faz apenas uma vez na vida, mas todos os dias. Logo, seja santo como Ele é santo.

Por isso, nessa trajetória de tentarmos ser mais parecidos com Ele, precisamos lidar com algumas outras questões. Estas, a princípio, não são ruins, mas se não forem levadas a sério e cuidadas podem – assim como as características negativas que citamos acima – nos causar danos, principalmente, em nossos relacionamentos.

BAGAGEM EMOCIONAL

A bagagem emocional nos acompanhará por toda a nossa vida. Se não fizermos uma limpeza nas repartições dessa mochila de emoções, carregaremos um monte de tralha conosco e um peso desnecessário por onde quer que formos. Quando vamos fazer uma viagem de avião, antes de embarcar na aeronave, precisamos passar pelo raio-x no aeroporto. Só somos liberados se nossa bagagem estiver dentro dos padrões de peso e tamanho, e se dentro dela não tiver nenhum objeto proibido. Da mesma forma, temos de passar pelo "raio-x da vida" para nos avaliarmos constantemente. Quem sabe não estamos carregando uma mochila pesada demais para suportar, e os "objetos proibidos" precisam ser deixados na lixeira quando formos embarcar na "viagem" do relacionamento amoroso.

Quando analisamos as nossas vidas, são as emoções tóxicas que precisam ser deixadas para trás para seguirmos o itinerário. Elas podem ter sido geradas por vários motivos: na infância, por causa de desajustes da família ou a perda de um dos pais, seja por morte ou abandono; por um passado amoroso que nos feriu; ou qualquer outra razão. Isso tudo faz parte da nossa bagagem emocional e, certamente, vai interferir não só no nosso relacionamento conjugal, como em outras relações. Por exemplo, na criação de filhos, quando formarmos a nossa família, podemos muito bem nos tornar manipuladores no momento de dar a eles independência em suas ações e responsabilidades. Nós acabamos ficando possessivos, não deixando ninguém se aproximar de nossas crianças. Ou, ainda, uma certa insegurança pode gerar problemas com os nossos sogros, trazendo competição para ver quem nosso cônjuge vai amar mais: nós ou eles.

Todas essas situações têm origem nas emoções que não damos muita importância quando aparecem. Porém, se não levarmos a sério, poderemos causar muitos danos a nós e aos que estão à nossa volta. Faça esse favor a si mesmo e dê uma olhadinha na sua bagagem emocional. Escolha o que vai ou não querer levar consigo. Precisamos dizer a você que, para o novo chegar, o que é velho precisa ir. Muitas vezes, nos apegamos a sentimentos, achando que eles vão nos proteger quando, na verdade, só nos deixam vulneráveis. Até pensamos que são importantes, mas só estão trazendo peso extra. Então, abandone tudo aquilo que feriu você, e permita que o Deus que faz tudo novo renove a sua bagagem!

ANSIEDADE

A ansiedade é a causadora de vários distúrbios, gerando nervosismo, medo, apreensão, preocupação ou a sensação desconfortável que surge quando algo novo está para acontecer. Essa condição emocional é uma reação que todos nós experimentamos diante de algumas situações do dia a dia, como uma entrevista de emprego, a espera de uma data importante, véspera de prova, de aniversário, entre outras. De certa forma, é até aceitável ficarmos ansiosos em nossa rotina quando nos encontramos em uma situação nova e não sabemos o que esperar, ou, ainda, quando aguardamos por algo que gostaríamos muito que ocorresse. Mas quando a ansiedade nos tira o controle e turva os nossos pensamentos, é nesse ponto que nos preocupa, e também deve preocupar você.

A ansiedade nos empurra para escolhas ruins, trazendo a ilusão de que, apressando a decisão, estaremos resolvendo um problema, quando, na verdade, o que ela está fazendo é gerar uma preocupação ainda maior para nós. Exemplo disso é quando a cobrança da sociedade aparece e dita que precisamos ter alguém. As típicas perguntas nas reuniões de família, a nossa idade, e até as nossas carências geram essa ansiedade que nos sufoca.

A respeito disso, eu costumo dizer: "Ou você controla suas emoções ou elas controlarão você!". Existem dois lados, percebem? É importante aprender essas duas coisas para vencer a ansiedade: controlar seus pensamentos e saber que é você quem os domina. O segredo é aprender a filtrar e separar o que pensamos: o que nos fortalece na caminhada e aquilo que tira nossa fé. Muita gente diz que a ansiedade é falta de fé, mas o que gera essa sensação são os pensamentos: "Estou ficando velho(a)", "O tempo está passando e não encontrei alguém", "Está demorando demais esse período de solteiro(a)", "Vou ficar sozinho(a) pra sempre", e a lista continua. Se nos deixarmos levar, ficaremos ansiosos e acabaremos minando a nossa fé. Logo, é exatamente por isso que precisamos aprender a exterminar, de uma vez por todas, os pensamentos que nos enfraquecem.

CUIDANDO DO EXCESSO DE PENSAMENTOS

Não é possível parar de pensar, bem sabemos disso. Então, para conseguirmos controlar os pensamentos é preciso diminuir a quantidade deles. Saiba ser seletivo. Quando algo que alimenta a nossa ansiedade surgir em nossas mentes, vamos ter de quebrar o fluxo e ocupar nossos pensamentos com outras coisas, como fazer uma atividade física, por exemplo. No momento em que colocamos nosso corpo em movimento, liberamos a produção de hormônios relacionados à felicidade, como a dopamina e à serotonina.

Ter mais contato com a natureza, caminhar ao ar livre, admirar a paisagem e os animais, além de apreciar o silêncio e o vento no rosto, são coisas simples, mas que fazem o foco da nossa mente se alterar. Pode parecer doideira, mas, na realidade, desfrutar das pequenas coisas coloca nosso cérebro em outro estado, abrindo novas conexões neurais, fazendo com que sejam produzidos novos pensamentos. Isso serve também para quando lemos um livro, contamos histórias e assim por diante. Sempre que os pensamentos vierem, faça algo que lhe dê verdadeiro prazer, que o relaxe.

Dentro disso, o que não podemos deixar passar é o exercício da nossa fé! Como vemos nos ensinamentos da bíblicos, a fé vem pelo ouvir a Palavra de Deus. E, certamente, o que não falta hoje é conteúdo para consumirmos e alimentarmos nosso espírito, assistindo a bons sermões, por exemplo. Além disso, podemos nos fortalecer com exercícios espirituais, orando diariamente, lendo a Bíblia e entrando em adoração. Deus ministrará ao nosso coração quando confiarmos em Seu amor e cuidado. Assim, quando verdadeiramente derramarmos nossa ansiedade aos Seus pés, nunca nos esqueceremos que é Ele quem traz a calmaria e faz silenciar toda confusão em nossa mente.

Por fim, desejamos muito que este livro seja um instrumento de Deus para produzir mudanças internas em todas as áreas de sua vida, principalmente a emocional e a espiritual. Mas sabemos que tudo isso que estamos abordando nestas páginas pode se perder rapidamente se você não iniciar sua jornada e buscar no Senhor as respostas que Ele tem especialmente separadas para você! Portanto, mude hoje e arrependa-se agora mesmo. Há coisas nesta vida pelas quais não precisamos esperar.

Em nome de Jesus, nós profetizamos libertação sobre a sua vida, para que você seja reparador de brechas nesta geração perdida. Muitas vezes, tudo o que o pecado precisa é de uma pequena brecha. Pecar é uma escolha. Santificar-se, também. Lembre-se: pecados tratados com carinho lhe custarão caro. Mate-os antes que eles matem você!

> Quem vive segundo a carne tem a mente voltada para o que a carne deseja; mas quem, de acordo com o Espírito, tem a mente voltada para o que o Espírito deseja. A mentalidade da carne é morte, mas a mentalidade do Espírito é vida e paz; a mentalidade da carne é inimiga de Deus porque não se submete à lei de Deus, nem pode fazê-lo. Quem é dominado pela carne não pode agradar a Deus. Entretanto, vocês não estão sob o domínio da carne, mas do Espírito, se de fato o Espírito de Deus habita em vocês. E, se alguém não tem o Espírito de Cristo, não pertence a Cristo. Mas se Cristo está em vocês, o corpo está morto por causa do pecado, mas o espírito está vivo por causa da justiça. E, se o Espírito daquele que ressuscitou Jesus dentre os mortos habita em vocês, aquele que ressuscitou a Cristo dentre os mortos também dará vida a seus corpos mortais, por meio do seu Espírito, que habita em vocês. Portanto, irmãos, estamos em dívida, não para com a carne, para vivermos sujeitos a ela. Pois se vocês viverem de acordo com

a carne, morrerão; mas, se pelo Espírito fizerem morrer os atos do corpo, viverão, porque todos os que são guiados pelo Espírito de Deus são filhos de Deus. (Romanos 8.5-14)

CAPÍTULO 3
ESPERAR PARA QUÊ?

NELSON JUNIOR

Já percebeu como os dias estão voando? Passam tão rápido que as 24 horas parecem não ser suficientes para resolver muita coisa. Pois é! Os meses estão acelerados e os anos passando e, com isso, percebemos que estamos ficando mais velhos. E isso se torna mais desesperador ainda quando você percebe que uma das áreas de sua vida que não está resolvida é a sentimental. Falar sobre esperar para uma geração que tem tanta pressa é complicado. Ainda mais porque ninguém disse a essa mesma geração que é necessário esperar. Conhecemos algumas pessoas que o máximo que conseguiram esperar foi o período da gestação, por nove meses, e outras nem isso, porque nasceram prematuras. Parece mais difícil ainda quando falamos sobre encontrar um grande amor, ou então quando se trata de manter a relação sexual somente para o casamento.

Desde muito novos, somos pressionados a ter alguém e, inconscientemente, construímos uma fortaleza tão grande sobre o assunto que, com o tempo, fica difícil qualquer pessoa confrontar esse tipo de mentalidade. Você pode até não acreditar, mas a influência das pessoas é o principal responsável por namoros precoces e fora do tempo. Desenvolver um romance no tempo indevido nos influenciará a fazer escolhas erradas e, por consequência, colheremos dores e decepções. Como se não bastece as pressões externas, dentro de nós há conflitos e, sem hesitar, cedemos. Mas por quê? Por que é tão difícil esperar? Por que é tão complexo fazer escolhas certas nesta área da vida? Se Deus cuida de tudo, por que, ainda assim, nos machucamos tanto? Por que está difícil encontrar alguém que deseja um compromisso sério? São muitas perguntas, e nós sabemos que, na maioria das vezes, você fica sem resposta. Porém, como dizia Chapolin Colorado: "Palma, palma, não priemos cânico!"[1]. No decorrer deste livro, vamos tentar respondê-las para você.

Como você bem sabe e acompanhou ao longo do tempo, nossa campanha Eu Escolhi Esperar viralizou tanto que se tornou um jargão, uma frase de efeito ou até mesmo o "estado civil" das pessoas. Por conta disso, muitos a interpretaram de forma errada e não compreenderam a importância do assunto. Esperar não é uma decisão simples, e se torna mais difícil ainda se não entendemos as razões que nos levam a fazer esta escolha. Sabemos que muitas pessoas dizem estar esperando em Deus, mas, na verdade. não estão. E, consequentemente, colecionam frustrações amorosas.

Se esta for uma escolha sua, saiba que não será confortável o que virá pela frente. Esperar em Deus é andar na contramão e desagradar a maioria, tornando-se até motivo de piadas. Você perceberá que muitos dos pretendentes que encontrar não optaram por esse caminho, e não estarão dispostos a esperar até o casamento para ter relações sexuais. Porém, tenha certeza de que viver as escolhas que agradam o coração de Deus, por mais difícil que pareça, será profundamente recompensador e revigorante.

Isso pode até parecer uma missão impossível, porque é contra a vontade da nossa natureza, que todos os dias se levanta tentando

---

[1] Essa é uma frase bem famosa do personagem Chapolin Colorado, um herói atrapalhado, medroso e desastrado de uma série de televisão mexicana, reprisada no Brasil por mais de 30 anos.

nos fazer desistir. Nós não gostamos de esperar, nossos desejos têm pressa, e o Inimigo sabe que só buscamos os prazeres momentâneos. Ele deseja que nos precipitemos, pois são muitas coisas trabalhando juntas para não fazermos aquilo que é o certo. Mas o que nos fortalece é saber que o Espírito Santo está sempre pronto para nos ajudar. E é em momentos de fraqueza que Ele nos mantém firmes na presença de Deus.

Nós não queremos "romantizar" a espera. Justamente por isso, trazemos a realidade dizendo para você que é um desafio corresponder à vontade de Deus para essa área da sua vida nos dias de hoje. Contudo, também podemos afirmar que é recompensador ver o Senhor agindo e ensinando. Se você aceitar o desafio, será como um sinal e símbolo para esta geração tão perdida e sem valores. O Criador deseja usar a sua vida e a sua história para abençoar muitos, mostrando que é possível viver a vontade do Pai!

POR QUE ESPERAR?

A primeira proposta no sentido de escolher esperar é a de se guardar sexualmente para o matrimônio, ou seja, esperar para manter relações sexuais com seu cônjuge apenas dentro do casamento. Nos nossos dias, uma declaração desta quase beira ao absurdo para a sociedade contemporânea, como um conceito ultrapassado e fora de moda. Muitas pessoas ainda dizem que isso é coisa do tempo dos nossos avós. Guardar-se para o casamento tornou-se aparentemente uma raridade. E provavelmente quase todos os jovens que você conhece já tiveram algum tipo de experiência sexual. Dentro da própria igreja, a grande maioria não soube esperar e muitos continuam não aguardando o momento certo.

Manter relações sexuais antes do casamento, portanto, é uma prática vista com muita naturalidade, tanto fora quanto, infelizmente, dentro da igreja. A maioria dos cristãos em nossos dias estão convencidos que não há mal algum nisso e que nada acontecerá se continuarem com esse hábito. Eles defendem que é natural duas pessoas que se amam de verdade fazerem sexo, e estão convencidos de que este ato fora do casamento é inofensivo, que não traz consequências. Pode parecer loucura, mas os dados de "O crente e o sexo"[2], uma pesquisa de 2012, realizada pelo Bureau de Pesquisa e Estatística Cristã (Bepec), mostra que mais de 66% dos cristãos solteiros de diferentes denominações não são mais virgens. O que nos intriga é que 54,57% deles afirmam que a prática sexual ocorreu depois da conversão e os outros 45,43% responderam que já havia acontecido antes de se converterem ao cristianismo. O que nos choca ainda mais é ver que mais de 60% deles continuaram a manter relações sexuais mesmo depois de convertidos. Ou seja, não escolheram esperar e estão exercendo sua sexualidade fora do casamento. Agora, se essa pesquisa foi realizada há oito anos, quanto mais nos dias de hoje.

Um pouco mais perto de nós, o estudo "Vamos falar de sexo", realizado em 2018 pela Viacom International Media Networks (proprietária da MTV), apontou que 25% dos jovens de 18 a 24 anos são virgens no Brasil.[3] Quando levamos em conta a população mundial, esse dado sobe para 38%. Infelizmente, como podemos ver, o ato sexual fora do casamento é uma prática comum, independentemente de religiões. Ainda assim, alguns jovens até desejam esperar, porém têm a impressão de que a maioria das pessoas

---

[2] Pesquisa publicada na 24ª edição da **Revista Cristianismo Hoje**, que atualmente se intitula **Revista Comunhão**. A pesquisa foi realizada pelo Bepec em parceria com os editores da revista e do *site* Genizah.

[3] Dados do levantamento feito com mais de 12 mil adultos em 21 países, sem fazer divisão entre homens e mulheres, que estão expressos na entrevista concedida pelo autor ao portal **Notícias da TV**. Disponível em *https://noticiasdatv.uol.com.br/noticia/novelas/homens-virgens-de-orfaos-da-terra-sao-realidade-ou-coisa-de-novela-29362*. Acesso em novembro de 2019.

não estão dispostas a isso. Os maiores de 18 anos enfrentam um grande dilema em suas vidas amorosas, que consiste em conseguir encontrar um pretendente que aceite aguardar o casamento para ter relação sexual. Se isso é um conflito entre os jovens, imaginem então para os adultos solteiros.

Com um cenário ainda mais desafiador, os que têm mais de 30 anos declaram que parece ser impossível encontrar uma pessoa nesta idade que esteja disposta a aceitar uma decisão como essa. Muitas mulheres nos escrevem dizendo: "Eu escolhi esperar, mas quando eu falo isso para os homens que estou conhecendo, eles até acham legal, mas desaparecem em seguida". A verdade é que a maioria deles alega que não aguentarão esperar e, então, forçam essas mulheres terem relações.

Dessa maneira, independentemente se você é um homem ou uma mulher, uma coisa é certa: sempre existirão fortes argumentos para convencê-lo a não esperar até o casamento para ter relações sexuais. Entretanto, esse tipo de contato físico é muito mais que uma demonstração íntima de carinho entre um casal apaixonado. O sexo é a aliança que une duas pessoas para sempre, ligando-as para o resto de suas vidas e tornando-as uma só carne. Pode ter sido uma única vez, pode ter sido algo rápido ou com um(a) desconhecido(a) que não se sabe sequer o nome, não importa. Toda relação sexual tem o poder de ligar almas. Vamos tratar disso biblicamente com mais detalhes nos capítulos adiante. Mas, por hora, vamos trabalhar alguns conceitos importantes antes de nos debruçarmos nesses tópicos.

NÃO PROTEJA SÓ O SEU CORPO, GUARDE SEU CORAÇÃO

A segunda decisão para aqueles que escolhem esperar é também se guardar emocionalmente. Até 30 anos atrás, a grande maioria das igrejas não instruía seus membros em relação ao namoro e à sexualidade. Por isso, naquele tempo, quem desejava aprender sobre esses assuntos precisava recorrer a pouquíssimos livros cristão dedicados ao tema. Com o passar dos anos, algumas comunidades locais começaram a ensinar aos jovens que se guardassem em abstinência sexual até o matrimônio. Nada de errado nisso. Porém, o que queremos desvendar aqui é que o conceito de "se guardar" vai muito além do que evitar relações sexuais enquanto estiver solteiro(a). A vontade do Senhor é que preservemos nossos corpos de maneira santa, pura e honrosa. Porém, tão importante quanto isso é ouvirmos e entendermos que: "Sobre tudo o que devemos guardar, guarda o coração, porque dele procedem as fontes da vida" (Provérbios 4.23 – ARA).

Falar sobre vida sentimental pode não ser o assunto mais importante na igreja, porém é o mais urgente. Tenho visto como a nossa juventude é atacada nessa área, conhecendo pessoas lindas, cheias de Deus, que buscam e vivem experiências sobrenaturais, com uma porção de sonhos, mas que estão completamente feridas nesse quesito. O emocional é o âmbito onde o Inimigo mais ataca os adolescentes e jovens dentro do cristianismo. A explicação é simples: é exatamente este ponto que pode causar mais dor, mas já falamos sobre isso no capítulo anterior.

Dessa forma, se você aprendeu em algum lugar que, antes de se casar, é necessário experimentar vários relacionamentos até acertar, pedimos encarecidamente que, por amor a si mesmo, por amor a seu futuro cônjuge e a seus futuros filhos, reconsidere esses fundamentos e princípios. Algumas pessoas pensam que adultério é a prática sexual fora do casamento, mas, na verdade, é toda e qualquer alteração do estado original de algo. O plano original de Deus é que nos envolvamos emocionalmente com alguém pelo resto de nossa vida. Quando não abraçamos essa perspectiva, estamos adulterando a vontade e o projeto do Criador.

Esperar pressupõe duas atitudes que devemos tomar: preservar nosso corpo e guardar nosso coração. Manter o corpo em pureza até o casamento é desejar viver uma experiência transformadora em nossa vida sentimental. Precisamos tomar a decisão de zelar por completo e esperar até o casamento para ter intimidade física com alguém. Já a segunda atitude é aprender a proteger nosso coração, evitando nos entregar a vários romances, buscando nos envolver apenas com aquela pessoa que desejamos conhecer melhor para, então, nos casar. Porém, você pode estar lendo tudo isso e pensar que não tem mais o que fazer, já que optou por entrar em um caminho sem volta. Pensando nisso, fizemos a próxima seção específica para os tais "apressadinhos".

O QUE FAZER SE NÃO ESPEREI?

Muitas pessoas nos escrevem perguntando se podem esperar mesmo que não sejam mais virgens. Nós sempre respondemos devolvendo outra pergunta: "E agora, qual é a sua escolha?". O que acontece é que imediatamente respondem: "Eu me arrependo por não ter esperado, agora desejo fazer a vontade de Deus!". Realmente, nunca é tarde para fazer aquilo que é certo. Os erros do passado não podem roubar a importância das escolhas certas que fazemos no dia de hoje. O Diabo não pode tirar de nós o valor das decisões corretas que podemos tomar agora. Não é porque erramos uma vez que nosso destino está arruinado, como se fosse uma rota incorrigível, nem porque deu errado outras vezes que será dessa forma para sempre. No entanto, precisamos aprender a diferença que existe entre arrependimento e remorso.

Esses dois sentimentos podem até ser confundidos em nossas mentes, mas são duas coisas bem diferentes. Falamos muito em arrependimento como um pesar pelo que se fez ou pensou. O esperado é que a pessoa que provocou algum mal se arrependa quando se der conta do seu erro, sabendo que, em última instância, ofendeu a Deus. Já o remorso é a inquietação da consciência por conta da culpa pelo que cometeu. Bem parecidos, só que com um "porém". O segundo é algo apenas acusatório, que não nos oferece perdão. A dor do arrependimento, por sua vez, mostra uma saída, enquanto o remorso não vê a luz no fim do túnel. Este tem mais a ver com a punição e a necessidade de nos castigar para "pagarmos" de alguma forma pelo que fizemos. Esse sentimento nos deixa com a impressão de que nossa própria dor nunca será suficiente para amenizar os danos que causamos em nós ou em alguém. Essa é uma prisão cruel que nos impede de viver, nos prende ao passado e não nos deixa sair do lugar. E sem poder seguir em frente, a vida fica estacionada até decidirmos mudar de direção, é aí que o arrependimento genuíno e sincero nos invade.

Quem se arrepende busca o perdão no lugar onde sabe que o encontrará. Então começa a mudança, ao dar a volta e seguir em frente, deixando a culpa no lugar onde ela deve estar. Assim, os que recebem o perdão de Deus buscam também resolver o problema que causaram, fazendo o possível para remediar o dano daquele que foi prejudicado. Isso traz paz, mesmo que o mal causado seja grande.

No entanto, arrependimento genuíno seguido de um pedido sincero de perdão é uma das atitudes mais difíceis que podemos ter. Isso custa algo: o completo abandono do orgulho. Assim, nos despojamos de nossa própria vaidade, reconhecendo nossa fraqueza. Isso, porque ao nos expormos corremos o risco de sermos humilhados diante de um público, ainda que seja de uma pessoa só, aquele a quem ferimos. E ninguém gosta disso! Há quem prefira arrastar a culpa amarrada ao orgulho por um longo tempo a se "humilhar" dessa forma. E mesmo que procure se esconder desse "vexame", um dia ele baterá à porta e se mostrará com toda força. Por isso, lembre-se:

A tristeza segundo Deus não produz remorso, mas sim um arrependimento que leva à salvação, e a tristeza segundo o mundo produz morte. (2 Coríntios 7.10)

Sendo assim, se você está emocionalmente destruído(a), Deus não vai apenas remendar seu coração. Ele é poderoso para nos curar e fazer uma obra nova e restauradora. O Senhor é um Pai de amor e Sua especialidade é reconstruir a história daqueles que não têm mais esperança, e Ele tem prazer nisso. Vamos lá! Até aqui você viveu do seu jeito e trilhando seu próprio caminho, e tudo bem com isso! Porém, a partir de agora presenciaremos Deus fazendo tudo novo, nos âmbitos sentimental e sexual, conforme a Sua maneira. Nós o encorajamos a terminar a leitura deste livro e abrir mão da caneta e do papel da sua vida. Entregue-os ao Senhor e, assim, como tantas outras pessoas que conhecemos, deixe que o Criador escreva a mais bela e verdadeira história de amor que ninguém nunca imaginou.

ATÉ QUANDO DEVO ESPERAR?

Você pode estar se perguntando: "Certo, vamos nessa juntos, mas até quando?". Esse tipo de questionamento não vem com uma resposta pronta. Para cada pessoa, existirá uma forma de respondermos. Até porque perguntas como essa sempre vêm acompanhadas de outras dúvidas, como: "Se eu esperar demais, posso perder alguém especial?", "Estou aguardando em Deus faz um bom tempo, e está demorando demais, o que faço?", ou ainda "Tenho guardado meu coração, mas como sei que o tempo da espera terminou?", entre tantas outras que não vieram à mente agora. Mas o ponto crucial é que cada pessoa está em seu momento. Por essa razão, devemos levar em consideração diversos fatores, como idade, maturidade, estudos, a perspectiva de futuro, os sonhos, a família, a situação financeira atual e até o estado emocional em que se está vivendo. Assim como a vida não vem pronta, saber até que ponto se deve esperar também não carrega uma explicação formada.

Quando falamos sobre tempo de espera, precisamos responder à pergunta sob dois aspectos distintos: pelo viés sexual e pelo emocional. Para esses dois casos, o tempo de espera possui respostas diferentes. Antes de tudo, é importante deixar claro que ninguém deve se sentir acusado por atrair-se fisicamente por uma pessoa ou porque brotou um sentimento por alguém. Isto é normal. O erro, na verdade, está em quando não conseguimos distinguir o tempo certo ou quando iniciamos um romance de maneira precipitada e, assim, damos lugar aos impulsos e desejos, sem considerarmos as próximas etapas. Por exemplo, existem os que estão no tempo certo, mas se precipitam na hora de fazer a escolha e se envolvem com a pessoa errada. Há ainda aqueles que estão no momento propício e encontraram a pessoa ideal, mas começam a fazer coisas erradas ao longo do namoro. Em qualquer dessas circunstâncias, quando os princípios são quebrados, colocamos em risco todo o processo, e as chances de vivermos uma frustração amorosa são potencializadas.

Escolher esperar é aprender a não ter pressa, até porque não adianta nada querer correr com decisões importantes como essa. Lembre-se: "A pressa é inimiga do coração", se é que podemos fazer uma adaptação. Inclusive, uma das grandes desvantagens de termos pressa é o tempo que ela nos faz perder. Deus é perfeito. Pode até parecer que está demorando, mas veja só: Ele nunca se atrasa! Entendemos que é difícil perceber que a ansiedade não diminui a tristeza do amanhã, mas só nos rouba a força do dia de hoje. Ela não resolve nosso problema, só o aumenta. Junto com ela, a impaciência, via de regra, estão associadas e nos tiram do lugar de onde jamais deveríamos ter saído: o centro da vontade do Pai.

Temos aprendido que a ansiedade pode roubar dias de vida, nunca acrescentar. Da mesma forma que queremos comprar um carro sem ter dinheiro, muitos começam um namoro sem qualquer condição de levar adiante esse compromisso. De que adianta ir à concessionária, combinar com o vendedor, enviar propostas de compras se não temos como pagar? E é exatamente isso que acontece com a maioria das pessoas que querem namorar sem ter condições mínimas para planejar um casamento.

Sendo assim, vamos dar a você alguns conselhos práticos para cinco situações distintas, desde à adolescência até o casamento, passando até mesmo por situações de divórcio e/ou separação.

1º CASO: NA ADOLESCÊNCIA

Esta fase é um período de transição, em que saímos da infância e nos desenvolvemos para atingir a fase adulta. Sendo utilizada para definir a faixa etária entre os 12 e os 18 anos de idade, a palavra "adolescer", vinda do latim, significa "crescer, desenvolver e começar a amadurecer". Diversas mudanças acontecem no adolescente, atingindo não só o corpo como também suas emoções, seu papel social, e afetando diretamente suas escolhas. É a fase mais conturbada e confusa na vida de um ser humano, pois é nela que passamos por um processo de amadurecimento, tanto físico como nas emoções.

Nessa época não sabemos como lidar com as transformações bruscas de comportamento. E se esta etapa for queimada, alguns acabarão não amadurecendo nunca. Em Eclesiastes 3.2-8, a Palavra de Deus nos ensina que há um tempo determinado para todas as coisas debaixo do céu. Há tempo de nascer, morrer, plantar, colher; tempo de amar e de curar; tempo de derrubar e de edificar; tempo de chorar e de rir. Por isso, a adolescência não é o tempo certo para namorar. Afinal o nome já revela: é a fase de amadurecimento, ou seja, não estaremos prontos nesse estágio da nossa vida, pois ainda estamos sendo preparados.

2º CASO: NA JUVENTUDE E SOZINHO

Para os maiores de 18 anos, o importante é não ter pressa. Aprenda a viver cada momento e cada fase da sua vida sem atropelá-las. Enquanto você não encontra o grande amor da sua vida, aproveite para amar as pessoas que já fazem parte dela. Priorize sua vida espiritual e busque o Reino de Deus e sua justiça, assim, todas as outras coisas lhe serão acrescentadas (Mateus 6.33) – incluindo uma pessoa especial. Deus quer nos presentear também nessa área, mas nossas escolhas, muitas vezes, atrapalham Seu agir. Por isso, aproveite seus dias e envolva-se com as coisas de Deus.

Desenvolva todas as outras áreas da sua vida: família, amizades, diversão, lazer e vocação ministerial. Se estiver estudando, dedique-se. Se você está empregado, aprimore-se em sua área e busque o crescimento. Esse é o tempo ideal para se dedicar a uma promoção profissional sem ter de se preocupar com as contas e boletos da casa. Cada vez que pensar em se relacionar, lembre-se que esta não é uma decisão que afetará somente a sua vida, mas a da outra pessoa também. Lembre-se dos outros que poderão ser afetados de alguma forma com uma relação sem a direção de Deus.

Quando se sentir atraído por alguém, espere, observe e ore. Não tenha pressa em iniciar um romance imediatamente sem antes conhecer a outra pessoa melhor. Leve em conta seu relacionamento com o Senhor, a vida espiritual da outra pessoa também, as famílias, os amigos, os estudos e vida profissional. Quanto mais tempo tiver para conhecer a pessoa em amizade e buscar orientação de Deus, melhor para os dois. Com isso, não estamos falando para você ficar de braços cruzados, mas encorajando a não agilizar as coisas. Assim como Paulo aconselhou o jovem Timóteo: "Fuja das paixões da tua mocidade" (2 Timóteo 2.22).

Esteja pronto para o amor quando ele te encontrar. Apaixone-se somente quando estiver pronto, e não quando se sentir carente. Falar é fácil, mas é um pouco mais complicado na prática, e nós sabemos disso. Mas guarde o seu coração e busque sempre no Espírito Santo o discernimento dos seus sentimentos. Conhecemos muitas pessoas que, com medo de ficarem sozinhas, colocam qualquer um dentro de suas vidas e corações, mas a solidão continua a habitá-las. Estar desacompanhados por um tempo não significa que não sabemos nada sobre o amor, até porque podemos estar rodeados por outras pessoas que amamos. Pelo contrário, na realidade, isso só expressa aos outros que não estamos à procura de qualquer um.

Cuide bem do seu coração e lembre-se de que ele não é um panfleto de rua para entregar nas mãos da primeira pessoa que aparecer na sua frente. Não deixe a porta aberta para quem só vem fazer uma visita e vai embora. Mas saiba que cautela é diferente de passividade. Esperar é uma jornada com Deus, tudo chega no tempo certo para quem sabe aguardar.

3º CASO: NA JUVENTUDE E COM ALGUÉM ESPECIAL

Se você está conhecendo alguém no momento, conversem bastante, orem juntos, busquem aconselhamento com seus pais e incluam seus líderes espirituais. Você deve avaliar o caráter, a personalidade, os propósitos de vida, além do que o outro pensa a respeito de casamento, futuro e principalmente sobre Deus. Não comece nenhum romance até que ambos tenham a convicção de que desejam assumir um relacionamento sério.

Ficar com a pessoa nesse processo? Esqueça! Seria a maior burrice para quem deseja fazer a coisa certa. Do mesmo jeito que uma das piores coisas no *videogame* é cometer um erro quando estamos prestes a completar uma fase, e ter de voltar ao início para começar tudo outra vez. É isso que acontece quando tentamos agilizar o processo. Na verdade, só o atrasaremos. Lembre-se: não adianta encontrar a pessoa certa no tempo certo, e começar a fazendo coisas erradas. Envolver-se com alguém antes de compreender a vontade de Deus impedirá você de conhecer a realidade do outro, o que pode afetar sua visão em relação a ele.

Assim, faça a você mesmo duas perguntas sinceras quando conhecer uma pessoa especial: "Eu me casaria com ela?" e "Estarei pronto para assumir um compromisso de casamento quando chegar a hora?". Se casar não faz parte dos seus planos pelos próximos três anos, então você não está no tempo de iniciar um romance.

Ao encontrar alguém, havendo interesse mútuo, conhecendo a pessoa um pouco mais, depois de um período de oração juntos, e com a bênção de seus pais e acompanhamento dos seus líderes, a única coisa que faltará é a convicção interior de que essa pessoa é um pretendente em potencial para se casar um dia. Com estes sinais e ideias resolvidos, é possível dar novos passos rumo ao compromisso.

Essa é a hora de agir e começar um namoro. É o tempo de se conhecerem. Logo, conversem bastante, tornem-se amigos e confidentes. Compartilhem os sonhos pessoais, falem sobre o passado e, principalmente, sobre o futuro a dois. Desenvolvam o romantismo, principalmente os rapazes. Comprem presentes, flores, bombons e façam declarações de amor constantemente. As mulheres adoram ser cortejadas. Passem tempo juntos com a família do outro e tenham momentos a sós também, sempre com o cuidado de estarem em lugares públicos. Nunca no escuro, e evitando a mentalidade do namoro do mundo, em que o casal aproveita o tempo a sós para se acariciarem. Isso levará vocês a um caminho sem volta.

O tempo de conquista deve durar apenas o necessário para o casal alcançar a convicção do casamento. Muitos vacilam nessa fase e desenvolvem um namoro por um período longo demais. Em determinado momento, quando não existem mais testes nem orações de confirmação, essa é a deixa para o: "Quer se casar comigo?". Por isso, se o tempo está passando, e com mais de um ou dois anos de relacionamento vocês não estão crescendo, o namoro não está saudável. Se em uma situação como essa, não existe convicção suficiente para o casamento, então talvez seja o momento escolher esperar novamente, para ter um tempo de reflexão e, até mesmo, interromper o romance se for preciso. Se o casal tem certeza, está sob a orientação dos seus líderes e com a bênção dos pais, então está mais do que na hora de assumirem o noivado. Não existem regras de tempo ou prazo para que isso aconteça. O ideal, e o que aconselhamos, é que não seja menos de um ano e não passe de dois.

Essa é a ocasião oportuna para começar a planejar o casamento. Além disso, vigiem para não caírem em tentação. O compromisso de noivado não é autorização para ir além do que já não se podia fazer no namoro nos quesitos sexuais. Não ajam como se seus corpos já pertencessem um ao outro. Continuem sendo diligentes com a intimidade sexual. Carícias e beijos quentes os levarão cada vez mais longe dos limites. Escolha viver um relacionamento de santidade. Todo romance com a participação de Deus tem início, meio e fim. Não queimem etapas, guardem os impulsos e desejos sexuais para depois do casamento. Com certeza, vocês desfrutarão de uma explosão de prazeres e experimentarão como valeu a pena esperar.

4º CASO: FIM DE UM RELACIONAMENTO

Se você acabou de sair de um relacionamento, seja ele um namoro, um noivado ou prestes a se casar, saiba que agora é tempo de escolher esperar outra vez. Não pense em nenhum romance por enquanto. Na verdade, a maior tolice que podemos cometer é iniciar uma relação logo após a outra. Não desenvolva nenhum relacionamento até que se tenha completa certeza de que as pendências do anterior estejam todas resolvidas.

Relacionamento a dois não é Band-Aid que cobre feridas e as restaura. Não se cura um amor colocando outro por cima.

Por isso, dizemos a qualquer jovem ou adulto que nos procure para aconselhamento: "Não pense em romance com ninguém pelos próximos seis meses". Esse assunto precisa estar fora de cogitação, mesmo que apareça alguém muito especial no caminho. Principalmente se o relacionamento terminou porque já existia outra pessoa em vista.

Não existe possibilidade de desenvolver um romance saudável se estivermos saindo de outro. Você se lembra do que falamos nos capítulos anteriores sobre as escolhas? Pois bem, você não vai viver uma experiência nova se continuar errando ao fazer as escolhas passadas novamente. Não inicie um romance tomando decisões equivocadas logo de cara, uma vez que é muito difícil garantir que algo que começou errado possa terminar da maneira certa. Se você acabou com um relacionamento nos últimos seis meses a um ano, volte para a estaca inicial. Leia novamente o segundo ponto, "Na juventude e sozinho", e veja como pode aplicá-lo nessa nova etapa da sua vida.

5º CASO: A SEPARAÇÃO OU O DIVÓRCIO

Muitas pessoas nessa situação nos procuram buscando por conselhos nos seminários que ministramos. Por se tratar de uma circunstância delicada como essa, sua condição não se encaixa em nenhum dos casos citados previamente, nem mesmo na anterior, que é expressamente para dissolução de relacionamentos entre pessoas solteiras. O rompimento de um casamento nunca será semelhante ao de um casal de namorados ou noivos. As consequências serão completamente diferentes, e isso só será aparente com o passar do tempo. Nós não queremos determinar que você não viverá um recomeço e terá a esperança de um futuro no Senhor. Contudo, quando falamos sobre esses assuntos, a questão é extremamente complexa e delicada. Qualquer conselho mal orientado pode piorar ainda mais a condição de quem passa por isso.

Portanto, é importante ressaltarmos que a forma como o mundo encara a separação, o divórcio e um novo casamento é bem diferente de como Deus os enxerga. Existe uma enorme divergência de entendimento sobre o tema quando vemos que algumas igrejas só aceitam o segundo casamento em caso de viuvez, outras aprovam quando ocorre adultério ou abandono do outro cônjuge, e há ainda aquelas que admitem o segundo casamento (e até terceiro) independentemente da condição do matrimônio anterior.

Contudo, o primeiro conselho que damos, independentemente da condição em que a separação tenha ocorrido, é que esta pessoa procure imediatamente conselheiros espirituais que trabalham com casamentos e famílias. Não indicamos qualquer pastor ou líder para tratar do assunto. Existem muitos deles que estão no segundo casamento e poderão legislar com parcialidade, ou ainda aqueles que, por medo de perder membros, não se posicionam biblicamente. A melhor forma de conseguir uma boa orientação é procurar líderes que tenham experiência no acompanhamento desse processo e estudo sobre o assunto.

Outro ponto é o escolher esperar. Nesses casos, é a decisão mais sábia que alguém pode tomar. Dar qualquer passo diferente disso só irá piorar as coisas. Todo casamento interrompido é uma tragédia com consequências para toda a vida, e não saber esperar pode trazer muitas frustrações. Agora que o estrago foi feito – ainda que você seja a parte que não tem culpa alguma – saber aguardar é uma decisão que estará a seu favor, por mais doloroso que pareça.

Por fim, queremos dizer que, independentemente da sua idade ou situação, Deus tem princípios e projetos para curar seu coração e guiar sua vida aos planos que Ele sonhou especificamente para você. A pressão existente para desistirmos de fazer as coisas segundo Sua vontade será uma realidade, o mundo odeia quem não é igual a eles. Quando nos propomos a não ter pressa e começamos a buscar agradar o coração de Deus, coisas acontecem para nos fazer desanimar. Podemos não encontrar o apoio das pessoas que estão próximas; nossos amigos podem nos aconselhar a fazer o errado, e até a pessoa com quem estamos nos relacionando pode querer nos influenciar a fim de nos fazer tomar decisões precipitadas. Mas saiba permanecer firme na sua escolha.

Esperar é como um jogo de *videogame*, cada vez que avançamos, e a cada passo que damos, somos conduzidos para o próximo nível. Na primeira fase, aprendemos a esperar, e na segunda, precisamos saber agir. É importante não termos pressa, mas também não perder tempo à toa. Em outras palavras, não podemos ser ansiosos, muito menos negligentes. É preciso saber a hora de esperar e discernir o tempo certo para nos mover.

Quando eu decidi me guardar, não sabia o que me esperava lá na frente. Fiz essa escolha porque via o sofrimento dos meus amigos e amigas que não preservavam seus corpos e corações. Assim, um dia, orei ao Senhor dizendo que queria muito uma namorada, mas que não queria sofrer as mesmas decepções que eles. O que ouvi naquele momento foi o que me fez fazer as escolhas que fiz. Deus me disse: "Se você não deseja sofrer como seus amigos sofrem, então não viva como eles vivem". Assim começou a minha jornada, que não foi nada fácil. Não fui compreendido, zombaram de mim e tentaram me pressionar para namorar. Questionaram minha sexualidade e, por diversas vezes, eu me senti sozinho. Mas todas essas coisas me aproximaram mais do Senhor. A cada vez que eu chegava diante d'Ele com meu coração por inteiro, Deus reforçava mais a minha convicção.

Posso dizer a você que valeu a pena cada minuto de espera, não só porque Deus me trouxe alguém muito especial – minha baixinha Angela, a quem eu amo muito – mas também porque hoje eu estou aqui, falando com você e testemunhando sobre o que o Pai realizou na minha vida. Eu sei que, se Ele fez em mim, também é fiel para operar isso em você!

É ilusão acharmos que fazer a vontade do Senhor é fácil. Porém, o engano é maior ainda se acreditarmos que não valerá a pena. Há grandes e incríveis promessas para aqueles que abrem mão das satisfações do mundo, que negam seus prazeres e andam na presença do seu Criador.

> Se agir assim, certamente haverá bom futuro para você, e a sua esperança não falhará. (Provérbios 23.18)

CAPÍTULO 4
COMO ESCOLHER A PESSOA CERTA?

NELSON JUNIOR

Uma das experiências mais tremendas que a vida pode nos oferecer é o relacionamento amoroso entre um homem e uma mulher. Já virou inspiração para filmes premiados, músicas de sucesso, e permeia os sonhos de muitos. A boa notícia é que, se fizermos a escolha certa, poderemos, de fato, viver na prática algo que nos proporcionará muitas alegrias. Porém, se errarmos de opção, as consequências podem ser desastrosas.

Encontrarmos a pessoa com quem passaremos toda a nossa vida não é uma utopia. Apesar de alguns fantasiarem essa questão ou desacreditarem dela, por já estarem muito desiludidos, a realidade é que existe algo espiritual por trás disso: escolher a pessoa ideal para se casar é uma experiência dada por Deus, ainda que muitos duvidem e que poucos vivam isso verdadeiramente.

Provérbios 19.14 afirma que heranças são deixadas pelos pais, mas o cônjuge ideal vem do Senhor. Não existe uma receita infalível para se ter sucesso, como um "passo a passo do amor". Até porque somos seres únicos, e Deus tem uma história específica para cada um de nós. Mas os princípios da Sua palavra existem para nos guiar pelo caminho, assim como a ajuda do Espírito Santo, que nos foi enviada para revelar a verdade. Como já dissemos: essa é uma jornada com Deus!

> Quando vier, porém, o Espírito da verdade, ele vos guiará a toda a verdade; porque não falará por si mesmo, mas dirá tudo o que tiver ouvido e vos anunciará as coisas que hão de vir. (João 16.13 - ARA)

Entre as milhares de perguntas que recebemos em nossos seminários pelo Brasil e fora dele, a que mais ouvimos é: "Como saber quem é a pessoa certa?". Costumamos responder que, para começar, o jeito é eliminando as opções erradas. Temos o hábito de brincar com os jovens dizendo que parece ser mais fácil descobrirmos quem é a "pessoa errada" do que acertar quem é a ideal. Parece meio louco, mas ao longo deste capítulo você vai entender aonde queremos chegar. De nada adiantará apenas desejar acertar se não tivermos clareza de quais escolhas não devemos fazer.

TENHA CLARO O QUE VOCÊ PROCURA

Imagine que você precisa de uma roupa e vai ao shopping para comprá-la. Esse é um lugar cheio de oportunidades, muitas lojas reunidas no mesmo local, marcas de todos os tipos e preços dos mais variados. No meio de tantas opções, como você discerne que encontrou o que buscava? A resposta é óbvia: sabendo o que foi procurar! Antes de sair de casa, você estabeleceu um objetivo e, chegando lá, foi atrás do que queria, analisou o melhor custo-benefício e tomou a sua decisão. Deveríamos fazer do mesmo jeito quando escolhemos alguém. A maioria dos solteiros está completamente desorientada porque busca a pessoa certa, mas não possui referencial algum para discerni-la da errada. Sem o mínimo de preparo, simplesmente vão caminhando pela vida, até encontrarem alguém legal e interessante, sem ter clareza sobre aquilo que procuram.

Então, as pessoas acreditam que encontros assim são obras do destino. Chamam de "propósito de Deus" qualquer coisa que aconteça de bom quando esbarram com alguém interessante. Sem ter parâmetros pré-estabelecidos, alguns se iludem com "sinais divinos" e entram na maior furada de suas vidas. Voltamos a afirmar: a escolha certa não é uma questão de sorte ou acaso. Na verdade, é um conjunto de fatores que precisam ser analisados na hora de tomar a decisão. Por essa razão, precisamos desenvolver uma visão clara daquilo que procuramos. Só assim saberemos discernir uma pessoa que tem potencial para ser a certa, poupando-nos de perder tempo.

DISCERNINDO OS TEMPOS

E por falar em tempo, qual é a hora certa? Como discernir que o período de espera acabou? Essas são perguntas que povoam a mente dos solteiros. Afinal, alguns pensam que a hora chegou no momento em que aparece um bom pretendente. Os mais apressados engatam um romance imediatamente e se deixam levar pela emoção de ter finalmente encontrado alguém. Só então começam a buscar em oração uma resposta divina, confirmando se esse relacionamento é de Deus ou não. Porém, essa não é a opção mais sábia a se fazer. Salmos 90.12 diz: "Ensina-nos a contar os nossos dias para que o nosso coração alcance sabedoria".

Costumamos dizer que a pessoa certa na hora errada se torna a pessoa errada. Isso, porque discernir os tempos é entender que, se não pretendemos nos casar a curto ou médio prazo, então não é hora de nos relacionarmos com ninguém. Se você não visa assumir esse tipo de compromisso agora, provavelmente é porque existem outros objetivos no momento. Então, fique focado neles! É claro que sempre haverá exceções, mas muitos que iniciam um relacionamento com a meta de se casar somente a longo prazo não suportam tanta espera e acabam cedendo a alguns desejos e hábitos que os afastam de Deus. Alguns experimentam o sexo antes do casamento, pois estão há tanto tempo juntos, construíram tanta intimidade, que cedem à pressão. Outros, por outro lado, gastam anos da sua vida em uma relação longa, que acaba por ficar desgastada. Quando isso acontece, e o relacionamento chega ao término, sobram as mágoas e a sensação de ter jogado a juventude fora.

Contudo, na Bíblia existem diversos conselhos e ensinamentos a respeito do tempo, prazos e estações. Esses versículos nos exortam sobre o pecado da ansiedade, irmã gêmea da pressa, e o perigo de nos afastarmos da perfeita vontade de Deus. Por nos apressarmos demais, acabamos perdendo a paz, que é o indicativo de que estamos fazendo a coisa certa diante do Senhor. Em razão disso, na vida amorosa, a ansiedade se torna uma grande vilã. Por causa dela, muitos relacionamentos nascem prematuros e com vida curta. Perceba que o que é precoce pode se tornar perigoso. Do mesmo modo que um bebê que nasce muito cedo tem grandes chances de morrer, um relacionamento assim pode vir a "óbito" em poucos meses; e se conseguir sobreviver, provavelmente acabará com sequelas para o resto da vida. Outro exemplo a que podemos associar é o de uma fruta que, se for tirada do pé muito cedo, deixará de crescer e não conseguirá amadurecer, por isso, será descartada. Tudo tem seu tempo. Assim, há o momento certo para nos relacionarmos: quando estivermos dispostos a nos comprometer com o casamento. Fora desse propósito, entrar em um namoro não será uma boa escolha. Então, aceite o processo e espere seu tempo.

A ORAÇÃO VEM ANTES DA AÇÃO

Esta é uma lição importante na busca da pessoa ideal. Um relacionamento que nasce como fruto de oração é muito mais sólido do que um que surgiu de uma cantada. A maioria das pessoas erra exatamente neste ponto, pois primeiro encontra alguém e depois começa a orar buscando a confirmação para saber se é de Deus ou não. Contudo, essa atitude não nos ajuda muito no processo, porque já estamos emocionalmente envolvidos. Fica difícil discernir os sinais com o coração batendo forte. Nessa situação, é muito comum sermos levados por nossas emoções. Quando isso acontece, fico pensando: e se a resposta de Deus for negativa? Eles já estão envolvidos! Melhor mesmo é saber o que Deus deseja primeiro, para só então se envolver com quem Ele lhe mostrar em seguida. Por isso, nossa proposta para você que ainda não encontrou a pessoa ideal e está à procura é inverter o processo: ore primeiro, busque depois.

No meu caso, eu esperei por sete anos até encontrar a Angela. Nesse processo, aprendi o princípio de me dedicar à oração. Eu orava por todas as áreas da minha vida, incluindo a sentimental. Todos os dias, eu pedia para Deus guardar minha futura esposa e para me direcionar em todas as coisas quando o tempo chegasse. Orava também para que ele deixasse meus olhos abertos e me guiasse, preparando-me para o dia em que eu a encontrasse.

Por isso, quando nos perguntam: "Quanto tempo você e Angela oraram para saber se o relacionamento era de Deus?", eu mostro exatamente a diferença entre a minha história e a da maioria dos solteiros na igreja. Eu orei por anos por esse compromisso e, quando a encontrei, como fruto da minha jornada com Deus, foi muito mais fácil entender que ela poderia ser minha futura esposa. Eu conversava com o Senhor sobre isso desde bem antes de conhecê-la, fazendo com que os dias de espera pela confirmação fossem abreviados, uma vez que eu já estava preparado. A verdade é que eu só a abordei porque tinha a certeza de que ela era uma mulher virtuosa para minha vida, e estava convicto disso em meu coração. Eu sabia o que estava procurando, sabia qual tipo de companheira seria ideal para mim, entendia o propósito de me relacionar com o objetivo do casamento e, portanto, foi muito mais fácil discernir a vontade de Deus.

Sendo assim, queremos encorajar você a orar por sua vida sentimental. Coloque diariamente diante de Deus o que está procurando, as suas necessidades, seus anseios e, também, as suas fraquezas. Se você não encontrou alguém até este momento, não aguarde passivamente, ponha-se de joelhos na presença do Senhor. Agora, se você já está envolvido com uma pessoa, mas ainda busca a direção d'Ele para uma confirmação, não lamente achando que é tarde. Vocês podem, juntos, mergulhar em um propósito diário com o Pai, para que Ele traga todas as evidências e orientações necessárias até se casarem.

Nosso desejo é que, até o final desta leitura, o Criador use este livro trazendo respostas que você tanto procura, independentemente da idade ou do estágio em que você se encontra. Temos a plena convicção de que, com a ajuda do Espírito Santo, muitas algemas podem ser quebradas; dúvidas e questionamentos de anos, presos em seu coração, podem ser dissolvidos. Leia com atenção cada parte e pergunte a Deus o que precisa mudar ou o que Ele quer lhe falar a respeito.

DEUS TEM UMA PESSOA CERTA PARA MIM?

Certo, certo! Essa questão é polêmica, e já sabemos que muitos perguntam: "Quem escolhe? Será que Deus tem uma pessoa exclusiva para mim, ou tenho mais de uma opção?". Ô assunto controverso! Mas vamos lá. Dissemos que iríamos responder suas perguntas, não é mesmo? Então, fique aqui com a gente. Veja bem, existem várias crenças sobre o tema baseadas na linha teológica de cada um. A Bíblia não tem orientações claras sobre como deve ser cada passo, mas como já falamos aqui, ela nos deixa exemplos e conselhos espalhados pelas suas páginas que nos direcionam até onde precisamos chegar. Ainda assim, é necessário ter cuidado para não sermos leviano neste assunto. Até existem alguns líderes e pregadores que ensinam que Deus tem uma pessoa exclusiva para cada um, crendo que fomos feitos para alguém específico. Nós, porém, não acreditamos neste princípio e desejamos explicar o que entendemos à luz das Escrituras.

Cremos incondicionalmente que Deus dirige nossos passos na busca pela pessoa ideal. Afirmamos categoricamente que o Senhor faz parte de todo o processo. Afinal, a própria Bíblia afirma, em Provérbios 19.14, que: "Casas e riquezas herdam-se dos pais, mas a esposa prudente vem do Senhor". No mesmo livro, no capítulo 18, versículo 22, a Palavra diz que: "Quem encontra uma esposa acha uma coisa boa, e alcança o favor do Senhor". Nesses trechos, fica muito claro que vem d'Ele a pessoa ideal, mas isso não significa que Deus escolhe por nós. O princípio por trás dessas passagens é que só encontraremos uma esposa ou marido prudente sob a orientação do Senhor. Ele é o único que sonda nossos corações, ajudando-nos a discernir quem é prudente e piedoso, não o nosso próprio julgamento e sabedoria. Mas, ainda assim, é nosso trabalho achar essa pessoa.

O Criador não nos obrigará a casar com alguém de maneira arbitrária. Digo isso porque já vi histórias de pessoas que começaram um namoro e até se casaram só por terem uma "direção divina", sem que existisse sentimento ou coisas em comum entre elas. Submeteram-se a isso porque foram induzidas a acreditar que era uma ordem de Deus. E muitas delas viveram a tragédia de um divórcio, pois possuíam um relacionamento baseado em "o Senhor mandou que nos casássemos", sem que houvesse outras características indispensáveis ao processo. Não tenha dúvidas de que Deus não faz esse tipo de coisa. Ele é onisciente, por isso, não nos obrigaria a nos envolver em um compromisso que claramente não daria certo.

Desse modo, não cremos que Deus tenha "uma pessoa certa", no sentido de exclusividade, alguém único que precisamos procurar em todo o planeta até achar. Pense conosco que desastre seria se isso fosse verdade. E se não encontrássemos? Viveríamos sozinhos para sempre? E se não nos envolvêssemos com esta única pessoa certa? Se acreditássemos nisso, significaria que não seríamos felizes ao lado de mais ninguém. E para "piorar" a história, se nos casássemos com o sujeito errado, então estaríamos nos comprometendo com o cônjuge de outra pessoa. Você consegue perceber como não é coerente essa linha de pensamento?

É por essas e outras razões que não cremos que exista uma alma gêmea, uma cara-metade, ou um indivíduo único que completará um quebra-cabeça de apenas duas peças: você e ele. Mas acreditamos que Deus tenha, sim, um alguém especial que, junto conosco, possa se dispor a se encaixar e construir um relacionamento ideal. Só então estaremos falando a mesma língua. Não existe a pessoa certa, aquela única, mas há pessoas ideais, que se encaixam no que procuramos.

Deus não escolheu a Angela por mim, mas Ele conhecia meu coração e o dela também. Por isso, encarregou-se de nos apresentar um ao outro. A escolha foi nossa, debaixo da Sua orientação. E assim como fez conosco, o Senhor também deseja fazer com você.

DESCOBRINDO UMA POSSÍVEL PESSOA IDEAL

Quando estabelecemos o que procuramos, fica muito mais fácil entender quem é um candidato em potencial. Mas nem sempre é simples identificar o que realmente queremos, pois, às vezes, uma qualidade se destaca mais que outra, e ficamos perdidos. Por isso, nós vamos ajudá-lo a fazer um perfil básico para ter uma noção mínima do tipo de pessoa que você deseja ao lado. Coloque em um papel e ore por isso diariamente, mas mantenha seu coração aberto, pois o Espírito Santo pode levá-lo a fazer mudanças. Seja flexível e confie no Senhor.

Você se lembra que falamos que fica mais fácil descartar as pessoas "erradas" para poder encontrar a "certa"? Pois bem. Esse perfil irá ajudá-lo exatamente nisso. Vamos deixar como exemplo aqui cinco pontos que achamos importantes para discernir se esse alguém que apareceu é ou não é um pretendente em potencial para você.

PERSONALIDADE

Pense no tipo de pessoa com quem você deseja compartilhar sua vida inteira. Pode ser alguém extrovertido ou introvertido; intenso e agitado ou mais compenetrado e tranquilo. As pessoas possuem personalidades diferentes, por isso, precisamos identificar qual combinará melhor conosco. Encontrar alguém cujas características aproximarão os dois ao longo dos anos ajudará muito no casamento. Pense bem, casar-se com uma pessoa simplesmente porque está apaixonado não é uma boa escolha, pois quando a paixão passar, você terá de suportar e conviver com alguém que o irrita e incomoda.

Acompanhamos muitos casais que, antes de completarem um ano de casados, já estavam em crise e pensando em separação. Ao nos aprofundarmos na situação, percebíamos que muito da frustração estava relacionada à diferença de personalidade. Se você é uma pessoa proativa, que foca nos resultados, terá dificuldade em lidar com alguém muito passivo, que costuma procrastinar tudo, por exemplo. Muitas vezes, não percebemos ou deixamos essas questões passarem porque a paixão está à flor da pele. Mas, com a rotina, isso pode se tornar uma bomba. Então, o que passava batido no namoro vira um problemão no casamento, e começam as cobranças.

Em situações como essas, um erro comum a muitos é achar que, se a pessoa ama, ela vai mudar. Em partes, isso até pode ser verdade. Mas não podemos exigir que alguém se transforme em outra pessoa. Algumas coisas mudarão, outras se ajustarão, porém muitas permanecerão como são, e isso não está relacionado ao amor que um sente pelo outro. Na verdade, existem pontos que dizem respeito à personalidade de cada um, que sempre foi assim.

O que acontece é que, se essas características da personalidade só são percebidas depois do casamento, é tarde demais. É nesse ponto que se encontra a importância de termos uma visão clara sobre a outra pessoa antes de nos comprometermos para sempre com ela, para não nos depararmos com surpresas desagradáveis depois. Isso não significa perfeição. As pessoas são diferentes e, com toda certeza, por mais abençoadas que sejam, não encontraremos nelas tudo aquilo que tanto esperávamos.

Portanto, não estamos oferecendo aqui uma fórmula secreta para o casamento inabalável, mas são dicas que podem ajudar você a conhecer melhor alguém. E, com certeza, a personalidade é algo fundamental a ser observado.

CARÁTER

Uma pessoa "sem caráter" ou "mau-caráter" é aquela que não tem firmeza de princípios ou de moral. Alguém que não hesitará em passar por cima de valores para conseguir o que deseja. Já o oposto disso é um sujeito com formação moral sólida e incontestável, que não se deixa levar pela proposta de um caminho mais fácil – e nem sempre correto – para a realização de algo. É o caráter que vai determinar as escolhas desse indivíduo, e não o desejo ou um impulso. Por esse motivo, essa é uma característica muito importante de ser observada quando pretendemos estar com alguém pelo resto de nossas vidas.

No entanto, frequentemente os jovens escolhem seus pretendentes pela aparência física, e não por sua índole. Rapazes querem namorar mulheres com corpo bem feito e feições atraentes; enquanto as moças optam por homens fortes e elegantes. Porém, a beleza não define o caráter, e a atração física não garante que ninguém será um bom marido ou a esposa ideal. Veja bem, não é errado sentir-se atraído pela beleza física. É claro que isso também é importante. Não faz sentido nos casarmos com alguém que não nos atraia, porém esse não pode ser nosso foco principal.

Por isso, é necessário analisar o pretendente com base nos princípios mais do que na beleza. Se observarmos as responsabilidades da vida conjugal, em Efésios 5.21-31, podemos descobrir alguns dos traços que são necessários a um casamento bem-sucedido. O resto é mais simples de resolver, até porque, com os avanços de hoje, é possível dar uma boa melhorada no visual, se precisar.

Quando esses valores se invertem, muitos casamentos são destruídos por causa de mentiras, traição, irresponsabilidade, desrespeito ou desvio de condutas de um dos cônjuges. Em situações como essas, beleza alguma irá segurar a relação. Assim, encontrar alguém de caráter é um pré-requisito fundamental para qualquer relacionamento estável, duradouro e saudável. De nada vai adiantar ter um homem lindo ao seu lado se ele não for digno de confiança. Da mesma forma como será em vão se casar com uma mulher encantadora, mas que mente o tempo todo para você. Por isso, o caráter tem um grande peso na vida a dois.

Portanto, preste atenção desde já: uma pessoa que negocia os princípios da Palavra para conseguir o que deseja já está sinalizando um desvio de caráter. Alguém que engana, mente e manipula terá os mesmos hábitos dentro do casamento. Então, esteja alerta para esses sinais.

PROPÓSITO DE VIDA

É muito importante que duas pessoas que desejam se casar tenham propósitos de vida bem próximos. Isso, porque, quando os objetivos são muito diferentes, chegará o momento em que um dos dois precisará abrir mão do seu sonho para manter o casamento. A verdade é que, diante de uma situação crítica, essa renúncia pode até salvar a relação, mas certamente deixará alguém frustrado e amargurado. Perceba que seu propósito de vida é o combustível da sua caminhada.

É muito difícil negociarmos aquilo que temos convicção de que nascemos para fazer simplesmente para mantermos um casamento. Por exemplo, alguém que, no íntimo, sabe que irá pastorear uma igreja local terá dificuldades se casar com um missionário chamado para desbravar povos não alcançados. Duas histórias diferentes podem se unir, mas dois futuros distintos dificilmente permanecerão juntos.

Em casos como este, essas pessoas possuem diversos fatores positivos, até seriam bons cônjuges e parceiros ideais para se casar, mas não entre si, percebe? Por isso, é preciso que o casal esteja alinhado nos planos e sonhos de cada um. Por exemplo, se você planeja ter uma grande família, mas se casa com alguém que não deseja ter filhos, as chances de o relacionamento não sobreviver são grandes, porque um dos dois terá de abrir mão de seus projetos. Ou se você sonha passear pelo mundo com seu companheiro, e escolhe alguém que odeia viajar, preferindo ficar no conforto do seu lar, vocês provavelmente terão conflitos. Pode parecer besteira, mas são coisas muito importantes.

Tudo isso precisa ser cuidadosamente avaliado. Se o seu propósito de vida se encaixa com o do seu futuro cônjuge, perfeito! Agora, casar-se com alguém que não tem objetivos conciliáveis com os seus pode ser uma tragédia e tanto. Essas diferenças parecem pequenas agora, mas com 22 anos de casados, eu e Angela podemos dizer com plena convicção que elas não são. Essas coisas causam desgastes e cansaço na relação, enfraquecendo o vínculo do casal. Logo, compartilhar dos mesmos propósitos será muito útil para o companheirismo, amizade e proximidade entre vocês.

ESPIRITUALIDADE

Casais que partilham das mesmas convicções religiosas constroem um relacionamento mais forte e com menos discussões sobre questões existenciais. Algo que precisamos pontuar a esse respeito é que, quando o assunto é espiritualidade, isso se refere a muito mais do que a igreja que frequentamos, a denominação a que estamos afiliados ou os costumes que seguimos. Estamos falando dos fatores internos, como a fé e os princípios que norteiam nossa vida e nossas decisões.

Antes de namorarmos, Angela e eu éramos grandes amigos. Conversávamos sobre muitas coisas, inclusive sobre com quem desejaríamos nos casar. Ela sempre me dizia que gostaria de se casar com um pastor. Na época, Angela, como nova convertida, sentia esse desejo porque tinha a ideia de que um pastor era um homem profundamente comprometido com Deus. Mas, na verdade, o que ela sonhava mesmo era se casar com alguém que amasse o Senhor sobre todas as coisas, que fosse envolvido com o Reino e comprometido com Sua Palavra. Estou contando esta história para encorajar você a buscar alguém que ame a Deus acima de tudo, e até que O valorize mais do que o próprio relacionamento.

No coração da Angela, Deus era a prioridade, e isso se refletia no desejo que ela nutria de se casar com alguém que sentisse o mesmo. Algo que cooperou profundamente para o sucesso da nossa relação foi que eu também amava ao Senhor dessa maneira. Assim, entendemos que a espiritualidade precisa estar no mesmo patamar, assim como os propósitos de vida precisam estar em equilíbrio. Se você busca profundidade em Deus, fuja de alguém superficial. Envolva-se com quem o aproxima do Pai, e não que o afaste. Participe mais de círculos sociais com pessoas que tenham experiências com Ele, assim como você tem. Porém, se você não é uma pessoa que busca esta intimidade, então dificilmente terá prazer de estar envolvido com alguém que prioriza o Reino dos Céus.

As convicções no coração daqueles que andam com o Senhor podem produzir conflitos futuros com o desinteresse de outros pelas coisas espirituais. Em um relacionamento, o que tem mais fome da Palavra poderá se sentir solitário em sua busca, enquanto a pessoa mais superficial pensará que está sendo muito cobrada; uma vez que seus pontos de vista podem ser opostos sobre um assunto muito importante para um dos dois, e nem tanto para o outro. Por isso, nossa recomendação é que você observe atentamente a vida espiritual do seu pretendente, pois se ela difere muito da sua, então, essa pessoa já deixou de ser a ideal para você.

QUÍMICA

Queridos, apesar de parecer um tema superficial, a química é algo importante também e merece consideração. Recebemos muitas mensagens e *e-mails* de pessoas que nos procuram aflitas porque estão envolvidas com alguém maravilhoso, mas não sentem atração nenhuma. Elas se condenam como se isso fosse algo imoral, como se o valor que dão à atração física as fizesse menos espirituais.

Sejamos bem sinceros, um relacionamento amoroso sem a química não passa de uma bela amizade. E esse não é o objetivo de Deus para o casamento. É muito difícil um romance ter vida longa se ambos não sentirem algo um pelo outro. A atração física precisa existir, pois esse é o caminho natural. Diante disso, queremos afirmar que, se você não se sente atraído pelo seu pretendente, esse é um dos sinais de que ele não é ideal para você. Não é errado deixar de se envolver por não sentir nenhum desejo. O equívoco é se comprometer sem sentir nada. Assim, apesar de não podermos entrar no outro extremo, iniciando nossos relacionamentos simplesmente porque nos sentimos atraídos, sem analisar o resto, o que precisa ficar claro é que a química não pode faltar.

Algo que influencia a química é a aparência. A pessoa precisa ser interessante aos nossos olhos, por isso, preste bem atenção. Mas um detalhe é muito importante: a pessoa deve ser atraente para VOCÊ, e não necessariamente para os outros. Muitos perdem a oportunidade de entrar em um ótimo relacionamento porque os pais acharam a pessoa feia, os amigos disseram que havia coisa melhor ou porque ela não se enquadra no padrão social: é gordinha ou muito magra; muito alta ou muito baixa. Deixe-me dizer uma coisa: cada um tem seu padrão. Portanto, não se importe com a opinião dos outros. Nesse caso, não se deixe levar pelo que todos acham nem se iluda com estereótipos fantasiosos. A mídia explora fortemente essa questão, então não seja um maria-vai-com-as-outras. Saiba discernir o que atrai você em uma pessoa e o que não atrai. Descubra o seu próprio gosto.

Esses cinco pontos serão úteis para se ter uma formação mínima de atributos que você deve buscar em um parceiro ideal. Eles o ajudarão a discernir melhor quando alguém interessante chamar sua atenção. Além disso, existem outras características a serem levadas em conta, mas essas serão assunto para outro capítulo, em que falaremos mais detalhadamente sobre o que observar depois que você já encontrou alguém. Abordaremos também um conjunto de fatores que devem ser avaliados antes de você dizer "sim" para o casamento.

No entanto, se a pessoa não atender a um ou outro critério neste momento inicial, isso não será motivo para descartá-la de vez. Até porque, para observar esses traços citados acima, é importante darmos tempo para conhecê-la, pois precisaremos ser cautelosos no assunto. Estes são tópicos que visam formar uma visão inicial, e não o todo. Agora, se o pretendente não se encaixar em nenhum ou quase nenhum dos requisitos, isso já demonstra que está fora do que você planejou para si. Mesmo que, ao seu redor, digam que é um excelente candidato, ele pode até ser, porém não para você.

Além disso, se existem outras qualidades que não estão aqui, mas que seriam essenciais para você, fique à vontade para incluir. Depois de fazer isso, avalie a ordem que considera mais importante. Uma vez que a lista estiver terminada, você deve incluí-la nas suas orações diariamente. Assim, especificando o que você procura, ficará mais fácil orar pelo seu futuro cônjuge e identificar as pessoas que têm potencial para isso, e as que serão perda de tempo. Com certeza, esse será um bom exercício espiritual, em que Deus vai ministrar ao seu coração.

É ERRADO PEDIR SINAIS A DEUS?

Essa é uma pergunta muito frequente entre os jovens, e também um ponto delicado que confunde muitas pessoas, pois existem grupos diferentes que divergem sobre o tema.

Para alguns cristãos de origem tradicional, ouvir a Deus por meio de sinais não é algo que deve ser feito atualmente. Eles acreditam que esta prática se resume somente aos tempos bíblicos. Porém, nós cremos que o grande problema nessa postura seja limitarmos as diversas formas como o Senhor pode revelar o Seu querer.

Por outro lado, existe um grupo de cristãos que acredita que Deus fala por meio de sinais, e fazem uso desta prática ainda hoje. Esses são os que creem na manifestação dos dons espirituais e no batismo com o Espírito Santo. Eles se baseiam na premissa de que os sinais, prodígios e milagres na Bíblia, em sua maioria, serviam para confirmar a palavra revelada por Deus aos profetas e apóstolos. No Antigo Testamento, o Senhor capacitou homens, como Moisés, Elias e Eliseu, a realizarem milagres para confirmar a sua mensagem. No Novo Testamento, os apóstolos e vários outros recebiam os dons do Espírito para provar a palavra exposta (cf. Marcos 16.20; Hebreus 2.4; 2 Coríntios 12.12).

Uma das histórias bíblicas mais conhecidas é a de Gideão, registrada em Juízes 6.34-40, quando ele pede vários sinais ao Senhor e insiste pedindo confirmações das mais variadas formas. Em Gênesis 24.14, também lemos que Eliezer, o servo de Abraão, pediu sinais a Deus como indicativo da escolha da pessoa ideal para o filho de seu senhor, Isaque. Esses dois textos unidos motivam muitos jovens de hoje a buscarem "sinais de Deus" na confirmação de um relacionamento amoroso.

Se é errado pedir sinais a Deus? A resposta é "não". Mas, "porém, todavia, contudo, entretanto", é preciso sabedoria e discernimento para entender se esses são indícios vindos realmente do Senhor ou se são fabricados pela nossa imaginação, por conta da necessidade de recebermos uma confirmação para um relacionamento que tanto se deseja. Nós acreditamos que Deus pode falar através de sinais, mas apesar de crermos neles, reconhecemos também que focar apenas nisso pode ser perigoso e destrutivo para nossa fé. Muitos erram crendo que um sinal é a prova final da aprovação do Senhor e mergulham de cabeça quando "discernem" que o receberam. Então, quando tudo dá errado, culpam a Deus e se revoltam, não entendendo que o problema foi a falta de sabedoria.

O significado da palavra "sinal" já explica: qualquer manifestação, gesto ou movimento que serve de aviso ou advertência e que possibilita conhecer, reconhecer ou prever alguma coisa.[1] Ele não é prova, mas pode ser um indício ou uma confirmação. Algo

---

[1] **Dicionário Michaelis** "sinal". Disponível em *http://michaelis.uol.com.br/busca?id=8aKeb*. Acesso em novembro de 2019.

que está apontando um caminho. Nada mais é do que a indicação de que aquilo pode ser positivo, mas não é a garantia de que vai dar certo. Por isso, preste atenção. Os sinais vêm para confirmar o que Deus já está falando ao coração dos seus filhos, e não o contrário.

Tanto no Novo como no Antigo Testamento, a palavra de Deus antecedia os sinais, que vinham para assegurar o que o Senhor já estava fazendo. Ele ministrou no coração de Moisés para que liderasse o povo, e só depois disso enviou evidências físicas. O mesmo ocorreu com Gideão, Elias e os discípulos de Jesus. Todos já estavam em um processo com o Pai, e os seus corações haviam sido tocados por Ele. Da mesma forma acontece quando nos interessamos por alguém. Imagine que uma pessoa que você mal conhece lhe chamou a atenção e, sem nem saber quem é, você pediu a Deus um sinal. Logo em seguida, naquela noite, sonhou com essa pessoa ou ela veio cumprimentá-lo. É sábio entender isso como um sinal vindo do Céu? NÃO! Isso é inverter o processo. Como falamos, os sinais acompanham as impressões que o Pai já tem colocado em nosso coração, para indicar o que Ele já vem falando há um tempo conosco.

Muitos acham que precisam receber sinais mirabolantes, mas nós afirmamos a você que o próprio processo de conhecer uma pessoa e se aprofundar em uma amizade com ela já estará recheado de confirmações divinas. Quando você já está em uma jornada de oração com o Pai, fica mais fácil discernir.

Outra coisa muito importante a respeito de sinais divinos é que eles precisam estar de acordo com as Escrituras, a Palavra de Deus, a expressão fiel que revela a Sua vontade para as nossas vidas. A Bíblia é a Sua carta para nos orientar sobre o caminho que devemos trilhar, o mapa que nos conduzirá. Nela estão revelados os designíos do Senhor. No entanto, muitos a ignoram, passando por cima dos princípios e supervalorizando os sinais. Não caia nesse erro! Aprenda a consultar a Palavra a cada dia, com ajuda do Espírito Santo.

Deus não dará a nós uma orientação que contrarie o que já está expresso na Bíblia. Veja o que está escrito em Deuteronômio 13.1-3:

> Quando profeta ou sonhador se levantar no meio de ti e te anunciar um sinal ou prodígio [...] e disser: Vamos após outros deuses [...] não ouvirás a palavra deste profeta ou sonhador; porquanto o Senhor, vosso Deus, vos prova, para saber se amais o Senhor, vosso Deus, de todo o vosso coração e de toda a vossa alma. (ARA)

Nesse caso, mesmo se o sinal fosse válido, qualquer um que seguisse esse profeta seria condenado, pois a sua palavra contradizia a verdade já revelada por Deus.

De modo semelhante, em nossos dias, se alguém pedir sinais a Deus para namorar um não crente, por exemplo, e receber todas as confirmações em cima nos Céus e embaixo na Terra que digam "Sim! É o certo!", deve pular fora! Afinal já está expresso na Palavra que não devemos entrar em jugo desigual. Por isso, não tente discernir sozinho. Busque auxílio da Palavra e do Espírito.

Além disso, entenda que seus pais, líderes e pastores podem e devem acompanhá-lo nessa jornada. Na Bíblia, vemos que "Não havendo sábios conselhos, o povo cai, mas na multidão de conselhos há segurança" (Provérbios 11.14 – ACF). Permita que pessoas com mais experiência que você o acompanhem e aconselhem. É uma bênção poder caminhar com elas e aprender com o que o Pai já fez em suas vidas.

Dessa forma, todas as dicas e conselhos que deixamos aqui podem ajudar na hora de escolher a pessoa certa. Porém, sem o auxílio de Deus e a orientação do nosso melhor conselheiro, o Espírito Santo, as chances de tomarmos decisões erradas na vida amorosa são grandes. Portanto, peça a Ele que mostre a você como fazer essa escolha tão importante.

CAPÍTULO 5
ESCOLHER ESPERAR OU IR PARA CIMA?

ANGELA CRISTINA

Como você já está ficando craque no assunto, a espera nada mais é do que o tempo que aguardamos para entrar em um relacionamento no momento certo. Então, só dentro do casamento, ter relações sexuais.

Existem pessoas que não escolhem esperar, e optam por viver em uma montanha-russa de relacionamentos, emendando um no outro e vivendo todas as aventuras amorosas que aparecerem na sua frente. Assim, acabam se desviando completamente dos planos que Deus sonhou para elas na área emocional.

Há também aquelas que preferem aguardar no Senhor por alguém que valerá a pena, porém, mesmo fazendo essa escolha, caem no erro de ficar apáticas e não sair do lugar. Muitos confundem escolher esperar com uma postura estática, como se a vontade do Pai fosse que ficássemos parados e deixássemos que Ele fizesse tudo.

Não caia nesse grande engano! Deus deseja que sejamos seus parceiros nessa jornada, como em todas as outras, uma vez que nosso relacionamento com Ele é uma via de mão dupla. O Senhor ama fazer as coisas junto conosco, porque Ele não é um ditador para mandar e nós simplesmente obedecermos. Por outro lado, também não é nosso serviçal, que entregará tudo nas nossas mãos de bandeja, enquanto ficamos parados esperando sermos servidos. O Criador é um pai amoroso que deseja nos ensinar. É como aquele pai sentado na praia com seu filho, instruindo como fazer o castelo de areia. Ele mostra como cavar, como usar água para firmar a fortaleza, e vai orientando até o castelo ficar pronto. Da mesma forma, Deus deseja construir, junto com a gente, a nossa história.

Sendo assim, quando dizemos que relacionamento é uma via de mão dupla, estamos afirmando que envolve convivência, comunicação e reciprocidade. Deus nos convida para participar de tudo o que Ele faz. Do Éden à Cruz, da Cruz até a Sua volta, o Senhor nos convida a entrarmos em parceria com o Reino. No Jardim, o Criador deu a Adão a função de nomear todos os animais (cf. Gênesis 1.28-30). Já na Galileia, convidou Maria para gerar e criar o Salvador do mundo, dando-nos Jesus (cf. Lucas 1.26-38). Cristo, então, nos convidou à reconciliação, trazendo a salvação através da graça, para que, assim, pudéssemos reinar juntos na Sua volta. Em todo o tempo, o foco sempre foi estar conosco, entende? Ele quer a nossa participação até no Seu reinado sobre a Terra (cf. Apocalipse 20.4)!

> E da parte de Jesus Cristo, que é a fiel testemunha, o primogênito dentre os mortos e o príncipe dos reis da terra. Àquele que nos amou, e em seu sangue nos lavou dos nossos pecados, e nos fez reis e sacerdotes para Deus e seu Pai; a ele glória e poder para todo o sempre. Amém. (Apocalipse 1.5-6 – ACF)

Mesmo sabendo de tudo isso, ainda duvidamos de Seu cuidado em relação aos planos para a nossa vida emocional. Se desde o início, o Senhor decidiu abrir essa parceria e fez questão de estarmos juntos, assim também é – e continuará sendo – ao longo da procura de alguém que se comprometa com os laços do casamento. Então, entenda que, se escolhemos esperar, façamos isso do jeito certo, cooperando com o Criador.

Portanto, não seja apático, aguardando sentado. Decida ir caminhando com Ele e colaborando ao longo da trajetória. Muitos vivem de maneira sem graça, achando que esperar em Deus é ficar sentado, aguardando o amor de suas vidas bater à porta de suas casas. Mas precisamos dizer que, na realidade, só existem dois tipos de pessoas que aparecem voluntariamente à nossa porta: o carteiro ou as testemunhas de Jeová!

Agora, se você entendeu os princípios dos capítulos passados e sabe que chegou a hora de se relacionar com alguém, levante-se da sua zona de conforto e vá à luta! Faça a sua parte para encontrar alguém e ser encontrado. Você precisa sair para passear, visitar outras denominações – caso a concorrência na sua igreja seja grande ou simplesmente escassa. Vá a congressos, seminários, evangelismos, faça amizades, esteja aberto para conhecer pessoas com os mesmos princípios que os seus. Se você não encontrar seu amor, pelo menos, vai fazer alguns amigos. Temos acesso a muitas coisas, com extrema facilidade, nos dias de hoje, mas quase não as aproveitamos. Existem eventos cristãos maravilhosos pelo Brasil e pelo mundo. Neles você poderá conhecer pessoas, crescer em Deus, abençoar e ser abençoado, e, "de quebra", ter a oportunidade de encontrar pretendentes interessantes.

É claro que você não sairá à caça, fazendo as coisas do Reino pensando unicamente nessa busca. O que queremos dizer aqui é que você deve aproveitar as oportunidades para crescer em Deus por onde for, estar disponível para que Ele possa, em parceria com você, manifestar Seu Reino aqui na Terra através das experiências com o Espírito Santo. Mas não perca a oportunidade, se ela aparecer, de se deixar ser atraído por alguém. Seja intencional em fazer amizade, trocar contatos e bater um papo. Essa parte Deus não fará por você. Ele pode até colocar pessoas em nosso caminho, mas é nossa parte nos interessar em conhecê-las, além de estarmos abertos para novas conexões. Por isso, procure ser parceiro d'Ele nessa jornada.

Entretanto, é curioso pensar que dificilmente nos interessamos por assuntos sobre como melhorar nosso convívio com as pessoas, muito menos investimos em cursos, livros ou palestras nessa área. Apesar de quase todo mundo desejar um amor para a vida inteira, boa parte não se prepara para isso. Muitas vezes, nem conhecemos a nós mesmos. Temos dificuldade de ler nossas emoções, conviver com elas ou confrontá-las. Do mesmo modo que também não sabemos lidar com os sentimentos do outro ou buscamos conhecê--lo melhor, entendendo suas dificuldades e limitações. Tudo isso por não sabermos como lidar com as frustrações decorrentes da convivência. Assim, acabamos evitando tocar nesses assuntos ou nos aprofundarmos neles.

Como consequência, tomamos decisões erradas por não sabermos nos relacionar. A falta de autoconhecimento, principalmente com as emoções e o gerenciamento delas, leva-nos a buscar relacionamentos achando que eles preencherão as lacunas da nossa alma, mas só nos tornam reféns. Essa ausência de habilidade com os sentimentos empurra muitos namoros e noivados à falência. E nos casos que conseguem chegar ao casamento, sobrevivem cheios de frustrações e limitações ou, infelizmente, acabam em divórcio. Por isso, precisamos ter inteligência emocional para que uma relação cresça e seja bem-sucedida. Tendo essa mentalidade, teremos a capacidade necessária para reconhecer e avaliar nossos próprios sentimentos e os dos outros. A inteligência emocional nos auxilia a expressar as emoções de forma mais efetiva, além de nos ajudar a entender melhor as pessoas. Dessa forma, nossos relacionamentos ficam muito mais fáceis e leves, ainda que existam pessoas que não conseguem administrá-los.

ANALFABETOS RELACIONAIS

Atualmente, os jovens têm acesso a todo tipo de informação. A *internet* abriu um mundo de construção e compartilhamento de conhecimento. Com isso, vemos que hoje já é possível uma criança de sete anos ter mais instrução do que um imperador romano poderia sonhar em ter à sua disposição.[1] Sabemos muito de matemática e filosofia, estamos antenados com a moda, conhecemos outras culturas, somos informados sobre saúde, falamos outros idiomas, mas temos dificuldade de aprender como nos relacionar uns com os outros. Isto, porque dedicamos pouco tempo ou quase nada para buscarmos entender sobre relacionamentos. E é a falta de habilidade nesse assunto que pode ser chamada de analfabetismo emocional.

Além disso, nos dias de hoje, muita gente interage bem virtualmente, mas não sabe se relacionar na vida real, sentindo-se deslocados e sem saber o que fazer em público. Outros são tão limitados nesse quesito que nem virtualmente conseguem conversar bem com as pessoas. Eles não aceitam opiniões contrárias e agridem aqueles que não são iguais a eles. Com certeza, você já deve ter ouvido falar dessas pessoas: os famosos *haters* agindo na *internet*.

Vivemos rodeados por muitos amigos virtuais, sabemos postar, curtir e comentar nas redes sociais, e, claro, fazer "memes". Mas quando chega a hora de ficar cara a cara, a coisa complica. Já recebemos várias mensagens de mulheres dizendo, por exemplo, que batem o maior papo pelo WhatsApp com o rapaz, mas quando se encontram, ele mal sabe cumprimentar. As meninas, por sua vez, também se sentem inseguras, com receio de acabarem parecendo oferecidas, ou de não estarem dando os sinais corretos para o rapaz, e perdem a mão na hora de mostrar interesse, para mais ou para menos.

---

[1] CURY, A. **O código de inteligência**. 1. ed. São Paulo: Thomas Nelson Brasil, 2008.

Desse modo, a falta de iniciativa, ou quando ela é tomada da forma errada, pode trazer desordem e insegurança na hora de nos aproximarmos de alguém interessante. Por isso, se você se identificou com essa parte, vamos deixar umas dicas práticas para ajudá-lo. Se der certo, depois queremos receber seu testemunho e um convite para o casamento (risos)!

AS MULHERES E A INICIATIVA

Minhas lindas, quero dizer a vocês que sim, podemos tomar a iniciativa. O problema, na verdade, é como devemos fazer isso. Muitas pessoas não entendem, e até nos acusam de "machistas" quando falamos sobre não tomar a atitude ou deixar que o rapaz se aproxime. Mas, na realidade, isso tem mais a ver com a diferença entre nós e eles. Nos dias de hoje, as mulheres querem tomar a frente, achando que serão bem-sucedidas, mas fazem isso da forma errada e acabam repelindo o rapaz. Isso, porque estão se comportando como moços, e não como moças. Se observarmos, quando as meninas querem uma aproximação, agem como gostariam que eles fizessem e, na maioria da vezes, isso não dá certo.

Pense comigo: você acha que um homem hétero vai se sentir atraído por um comportamento masculino? Claro que não! Se você se interessou por alguém e quer tomar a iniciativa de se aproximar, aja como uma mulher. São as nossas características femininas que os atraem e encantam. Então, use a feminilidade a seu favor. Assim, você terá mais chances de conseguir o resultado que deseja. Se está interessada em um rapaz e ele parece ser um bom pretendente, você pode se aproximar e se apresentar. Bater papo não é pecado. Puxar conversa é saudável, mas faça do jeito certo. Como diz o velho ditado: "Quem não é visto não é lembrado". Logo, deixe-se perceber pela sua essência feminina.

DEMONSTRAR É DIFERENTE DE SE OFERECER

Existe uma grande diferença entre demonstrar interesse e "se oferecer". Nós, mulheres, confundimos bastante essas duas coisas. Quando dizemos que é permitido ter iniciativa, quer dizer que podemos nos aproximar para demonstrar interesse, pois, assim, ele vai notar esse comportamento e corresponderá se estiver interessado. Mas muitas moças, por causa da ansiedade, acham os rapazes lentos demais e, como querem logo saber se rolará algo ou não, passam a se oferecer, sendo diretas demais e perdendo o encanto da conquista por parte deles.

A carência extrema nos impede de deixar acontecer naturalmente, de forma que o rapaz tenha tempo e espaço para corresponder. Com isso, muitas de nós acabam indo direto ao ponto, falando que estão interessadas, pressionando para obter uma resposta. Outras apelam para a sensualidade, para as "cantadas clichês", achando que isso será eficiente. Mas pense comigo: se nem mesmo nós, mulheres, gostamos das cantadas de mal gosto, imagine então os homens! A verdade é que se ele não estiver afim de você, nada do que fizer o convencerá do contrário. E se ele não tiver um interesse sério, o máximo que você conseguirá será uns amassos sem compromisso e uma ferida no coração.

Demonstrar interesse é fazer com que fique bem claro, por meio de "evidências", que você está aberta para um possível relacionamento. É dar tempo ao tempo para ver se ele corresponderá. Os homens não são idiotas. Na maioria das vezes, a falta de resposta da parte deles acontece pelo simples fato de não estarem interessados. É mais comum um rapaz confundir a simpatia de uma moça com o interesse dela por ele do que não perceber que ela está dando sinais de realmente estar a fim. Um sujeito interessado por uma moça, por mais tímido que seja, se perceber uma abertura em seu comportamento, vai tentar um relacionamento. Agora, se o homem estiver interessado e, mesmo assim, não conseguir investir, então ele precisa amadurecer para ter condições de se relacionar. Não vale a pena começar algo com alguém tão inseguro e sem iniciativa.

HOMENS COM POUCA INICIATIVA

Queridos, não se sintam tímidos demais para se aproximar. Confiem em suas qualidades e não permitam que o medo os domine. Sabemos que hoje é comum os homens se sentirem intimidados por conta da nova postura das mulheres, que estão mais seguras e confiantes, e, por medo da rejeição, eles hesitam na hora da aproximação. Mas, rapazes, percebam de uma vez por todas que a falta de iniciativa não lhes ajudará em nada.

Não ser confiante deixará a moça insegura, e nenhuma mulher deseja um homem que não passe segurança. Em sua maioria, elas são mais ansiosas que vocês e, se demorarem demais para se declarar, podem acabar perdendo a pretendente de uma vez por todas. Rapazes sem iniciativa irritam as moças, que, por sua vez, se frustram ao darem os sinais e não serem correspondidas. Se só ela procurar, enviar mensagens, você estará dando os sinais errados. Claro que atualmente o que não falta é mulher no mundo, mas não seja displicente achando que você tem todo tempo do mundo para isso. Equilíbrio é o segredo. Comece por uma amizade e vá se aproximando, até que se sinta à vontade para propor um relacionamento. Elas preferem os que têm atitude. Então, se você está interessado, seja intencional para passar a mensagem, sendo claro, sem ser desrespeitoso.

HOMENS COM INICIATIVA DEMAIS

Da mesma maneira que existem os lentos, existem os muito apressadinhos. E se você é um desses, é melhor tirar o pé do acelerador. Uma moça disposta a se comprometer para o casamento quer conhecê-lo primeiro, antes de receber a sua proposta, para então sentir paz ao dizer "sim". A amizade tem de vir antes para ela se sentir confiante. Se você for com sede demais ao pote, pode pular etapas ou acabar afastando a pretendente por causa da sua ansiedade. Já recebemos vários comentários de moças reclamando da postura apressada demais dos rapazes. O excesso nunca é bom, então não seja uma lesma, mas também não se tranforme em um trem-bala. Sua pressa pode ser mal interpretada, ela pode achar que você tem outras intensões se pressionar demais.

Além desses tipos de homens, também existem os que são confiantes demais, que se veem como "a última Coca-Cola do deserto". Eles são como especialistas em passar dos limites, achando que podem chegar em uma mulher de qualquer jeito, que certamente dará certo. Porém, tudo tem seu tempo. Por isso, demonstre a maturidade que um homem deve ter, aproximando-se e esperando que ela retribua para, só então, dar mais um passo adiante.

DEMONSTRANDO INTERESSE

Essa é a seção para aqueles que já têm interesse em alguém. Antes de qualquer coisa, não passe para a fase do agir achando que deve esperar algum tipo de revelação do Céu, indicando seu interesse para a pessoa que você deseja se relacionar. Lembre que existem atitudes que nós precisamos tomar, ou seja, Deus não agirá por nós. É função sua mostrar interesse, e você precisará descobrir como sinalizar para o outro perceber e corresponder ou não. Mas calma, não vamos deixar você sem saber o que fazer logo nessa hora. Vamos colocar a mão na massa dando dicas práticas para você ir para ação.

O ponto número um, e o mais essencial para um relacionamento, é o diálogo. Grave isso: a conversa será eternamente sua amiga no amor. Sendo assim, puxar algum assunto é uma ótima forma de se aproximar para uma fase decisiva como essa. Conseguir cativar demonstrando interesse nos assuntos fará uma luzinha de alerta acender, fazendo com que a pessoa perceba você, deixando-a mais à vontade e confiante. Isso se ela estiver sentindo o mesmo. Nesse momento, as redes sociais podem ajudar bastante. Trocar contatos pode aproximar vocês, e, caso seja alguém conhecido, intensificar a conversa vai sinalizar as suas reais intenções. Curtir uma foto, deixar um comentário e já aproveitar para "stalkear" e saber mais sobre a pessoa, seus gostos, o que vocês têm em comum, também sinalizarão seu interesse, dando mais munição para assuntos nas conversas. Apenas tome cuidado para não sair curtindo tudo o que vê pela frente e fazer mil comentários. Assim você parecerá meio "psicopata".

Fazer-se presente nas redes sociais pode ajudar na aproximação entre vocês e demonstrará seu interesse no dia a dia da pessoa. Conforme forem se conhecendo, observe o comportamento e perceba se está sendo correspondido(a). Isso servirá como um sinal para você seguir adiante ou parar. Além disso, fazer amizade com os amigos da pessoa também é um ótimo trunfo. Isso, porque você pode ter um feedback bem legal através deles, e até usar como desculpa para estar mais próximo, marcando saídas em grupo, enquanto não se sentir seguro para convidar para um passeio a dois.

Homens, façam elogios, olhem para suas pretendentes e vejam o que realmente lhes agrada. Vale reparar no cabelo, nos olhos, no vestido, na maquiagem, no que você quiser, mas precisa ser algo sincero. E vale ressaltar que mulheres gostam de elogios não só referentes à aparência, mas a outras características, como sua inteligência, a ousadia e a determinação que possuem. Demonstrem interesse pelo que ela diz, importem-se com a sua opinião e sentimentos. Para uma mulher, isso faz toda a diferença. Escutem o que digo e não irão se arrepender. Comprem uma "lembrancinha" que descobriram que ela gosta ou está precisando, como artigos de papelaria, um doce ou um livro, e digam que se lembraram dela quando viram, por isso, compraram. Isso vai demonstrar que vocês se importam e pensam nela. Perguntem como foi seu dia, o fim de semana e, mais importante, ouçam com interesse. Assim, ela vai sentir que vocês se importam de verdade com o mundo dela. Ofereçam ajuda e aproveitem cada oportunidade para demonstrar o desejo de estar próximo, seja para decorar a igreja para um evento, um trabalho da faculdade, qualquer coisa é motivo. Como já disse antes, vocês precisam ser intencionais.

Agora, mulheres, quando tiverem a oportunidade de estar com ele, reconheçam e elogiem suas atitudes. Homens amam ver que nós admiramos as qualidades que carregam e se sentem confiantes ao receber elogios. Mas lembrem-se de que não é para ficar bajulando. Enalteçam-o com sinceridade, como uma expressão verdadeira de reconhecimento. Sejam simpáticas e receptivas. E se ele for alguém com senso de humor, riam das piadas bobas, das histórias ou comentários inteligentes que ele faz. O rapaz gostará de saber que vocês o acham engraçado. Não percam a oportunidade de expressar que ele as fazem se divertir deixando um grande sorriso estampado em seu rosto. Demonstrem interesse nas coisas que ele gosta. Convidem-no para fazer algo que ele curta, como uma corrida, por exemplo. Nós, mulheres, achamos que o homem não precisa de elogio porque ele é "macho", que não gosta de agrado, mas isso não é verdade. Eles gostam, sim, de receber elogios que estimulem a segurança e confiança deles, assim como também querem se sentir aceitos. Eles também passam alguns momentos na frente do espelho, talvez não tanto quanto nós, mas gostam de se sentir bem e bonitos. Então, se vocês realmente gostaram do *look* escolhido por ele, elogiem-no! Comentem da roupa, do perfume, e do que chamar sua atenção.

E, por último, tanto homens quanto mulheres, é muito importante que vocês demonstrem seu verdadeiro eu. Deixem que a pessoa perceba suas qualidades e até os defeitos. Não inventem um personagem, passando uma impressão falsa do que são, porque, conforme os laços se estreitarem, a verdade também aparecerá. Creiam no que Deus colocou em vocês como algo verdadeiramente bom e suficiente para que alguém ame e admire.

Além desses toques positivos, também apontaremos alguns negativos e errados, que, às vezes, até sem a intenção, muitos de nós cometemos, o que pode ser desastroso para qualquer início de relação. Contudo, antes de nos debruçarmos nessa parte, queremos fazer um parêntese abordando um assunto muito importante nesse meio tempo antes do relacionamento. É um assunto que nem sempre nos damos conta, mas que pode nos fazer perder o rumo e ser levados pela paixão.

DOMINE A QUÍMICA DO AMOR

Quando apaixonados, estamos sob efeitos emocionais e puramente biológicos, que não necessariamente estão debaixo de uma direção do Senhor. Isso, porque a paixão é um sentimento, e não um "toque divino". O fato de sentirmos atração por uma pessoa não quer automaticamente dizer que encontramos "o escolhido de Deus" para nós. É óbvio que não podemos negar que é importante sermos atraídos e apaixonados por alguém com quem desejamos nos comprometer a casar. Mas essa paixão não pode ser confundida como algo que o Pai colocou em nós, de modo que seja uma resposta de que essa é a pessoa certa. Até porque nossos sentimentos vêm e vão e, de uma hora para outra, podem passar. Ou pode até mesmo acontecer de os "transferirmos" para um outro alguém que surgir. Como a palavra de Deus bem fala, nosso coração é enganoso, então não caia na conversa fiada dele (cf. Jeremias 17.9; Provérbios 3.5).

Por essa razão, até mesmo a ciência considera que, apesar de importante para o surgimento de novos romances, essa montanha-russa de sentimentos também pode ser muito perigosa. Fisiologicamente falando, a paixão nada mais é do que um verdadeiro coquetel de substâncias químicas liberadas no sangue pelo nosso cérebro, estimulando a produção de hormônios: a dopamina, conhecida como o hormônio do prazer, provoca em nós a sensação de bem-estar; a feniletilamina aumenta a euforia e provoca a excitação; a noradrenalina produz a certeza de que no final tudo dará certo; a oxitocina e a vasopressina são os hormônios do carinho e da doçura, dos laços afetivos; e, por fim, mas não menos importante, temos a testosterona, o estrogênio e a norepinefrina, interferindo diretamente no nosso humor. As pesquisas também revelaram que essa dinâmica acontece em uma área específica do nosso cérebro, o córtex, a mesma região considerada a mais primitiva, onde estão localizados nossos instintos.[2] Isso explica porque muitas pessoas, quando apaixonadas, tomam decisões ilógicas e não conseguem medir as consequências de algumas escolhas feitas, justificando que fizeram "em nome do amor".

Da mesma maneira, algumas pessoas vivem casos de amor frustrantes e acreditam que nunca serão felizes. E as que são guiadas somente por suas emoções, ou que creem que essa sensação isolada seja um sinal de Deus para elas, acabam pulando de paixão em paixão até que estejam completamente destruídas. Por isso,

---

[2] ROCHEDO, A. **A química da paixão.** Revista Superinteressante. Disponível em *https://super.abril.com.br/comportamento/a-quimica-da-paixao/*. Acesso em novembro de 2019.

se não entendermos que esse sentimento em nós é um resultado de influências biológicas e reações químicas, estaremos sempre vulneráveis a qualquer "furada sentimental" que apareça em nosso caminho.

Sempre existirão dois lados da paixão: ela pode nos ajudar a ir ao encontro do amor de nossas vidas, mas também pode nos ferir se não aprendermos a lidar com ela. É como se, ao longo da nossa jornada, estivéssemos em um campo minado, passando por ele e tomando cuidado a toda hora para não termos uma experiência explosiva.

Entender como tudo funciona nos ajudará a lidar com as nossas emoções para conseguirmos discernir melhor as coisas. O primeiro sentimento a aparecer é a atração, aquela química que ninguém sabe explicar, mas a ciência consegue: são nossos instintos naturais falando mais alto. Essa é a etapa inicial de um ciclo muito comum na vida da maioria das pessoas que estão à procura de um par.

A atração é responsável por despertar em nós o interesse por um potencial parceiro que, por alguma razão, chamou nossa atenção. Estar atraído por alguém não significa estar apaixonado, uma vez que essa é a segunda etapa do ciclo. É completamente possível que uma paixão colabore para que vivamos uma relação duradoura, mas ela não é o fator responsável para que isso aconteça. Pode ser o pontapé inicial, porém nunca a razão determinante. Nosso maior desafio é fazer com que um relacionamento apaixonado se transforme em um amor sólido. A paixão pode dar início a uma relação, mas é o amor que fará com que ela se perpetue.

A PAIXÃO TEM DATA DE VALIDADE

À medida que o relacionamento avança, o cérebro continua trabalhando, e muito, para produzir toda a química do amor. Todo esse esforço tem como principal objetivo nos ajudar a caminhar para o próximo passo: a cumplicidade e o companheirismo. Deus é perfeito e nos criou com esses mecanismos para fornecer o tempo necessário para que, como casal, comecemos a construir uma relação estável, criando vínculos básicos, sempre visando o casamento. Porém, é nesse ponto que muitos estacionam e não dão continuidade ao ciclo do amor.

Muitas pessoas se detêm somente no prazer que a relação proporciona e se esquecem de dar os próximos passos nessa caminhada rumo à consolidação de uma relação. Com o passar do tempo, o cérebro não consegue mais proporcionar o coquetel da paixão com tamanha intensidade e, gradativamente, a produção diária diminui sem que notemos. Esse sentimento pode durar semanas, muitos meses e até alguns poucos anos, mas nunca será para sempre. Isso é um fato mais que comprovado. Segundo pesquisas, a paixão dura de 12 a 48 meses.[3] Quando duas pessoas estão apaixonadas, outros ingredientes precisam ser adicionados à relação, como companheirismo, amizade e admiração. Sem essas coisas, quando a paixão passar, o relacionamento será desgastante, se não chegar ao limite e acabar.

A PAIXÃO É CEGA E VICIANTE

Dizem que o amor é cego, mas na realidade é a paixão que deveria levar essa fama. Ela causa uma cegueira temporária, impedindo que vejamos os defeitos da outra pessoa, diferentemente do amor, que nos instiga a dar novos passos para cultivá-lo. Quando estamos apaixonados, por conta dos efeitos do prazer, temos dificuldade de perceber pequenos detalhes que futuramente podem

---

[3] JANSEN, R. **A química do amor**: paixão é fulminante e vicia, mas dura pouco. Portal O Globo, Sociedade. Disponível em *https://oglobo.globo.com/sociedade/saude/a-quimica-do-amor-paixao-fulminante-vicia-mas-dura-pouco-2984921*. Acesso em novembro de 2019.

se tornar grandes conflitos e brigas. Depois de seis a doze meses de efervescência, começamos a enxergar o parceiro à luz da realidade, e aqueles pequenos incômodos que achávamos um charme se tornam irritantes. Antes, você até podia achar bonitinho quando ele se esquecia das coisas, mas depois de um tempo, tem vontade de gritar por isso. Já ele, gostava de ouví-la falar a noite inteira, porém, agora, parece estar sem paciência ou até mais interessado no celular enquanto você fala.

O que queremos alertar a você é que a paixão é a principal responsável por atrair pessoas, que muitas vezes não têm nada em comum. A maioria engata um romance pelo simples fato de se sentirem atraídas por alguém e, com isso, esquecem de analisar tudo aquilo que os manterá unidos quando o ardor da paixão acabar. Nossa carne, responsável por nossos desejos e instintos naturais, é o que sempre nos estimulará a buscar o prazer, porém o que precisa ficar claro é que essa procura é insaciável. E, para piorar ainda mais a situação, ela deseja o que é contrário ao Espírito Santo. Por isso, precisamos compreender esses pontos perfeitamente para nos prepararmos habilidosamente e escapar das armadilhas que a paixão coloca em nosso caminho. Assim, correremos menos riscos de sofrer uma nova desilusão amorosa e estaremos lúcidos na próxima escolha.

Algumas pessoas se tornam dependentes dos prazeres que a paixão pode oferecer, porque ela é viciante como uma droga. De tempos em tempos, essas mesmas pessoas terminam uma relação e buscam novas emoções em outra relação, fazendo disso um ciclo sem fim. Podemos dizer, de fato, que a paixão ativa as mesmas áreas do cérebro que a dependência do uso de cocaína, por exemplo, como vemos no estudo a seguir:

> Um estudo sobre a configuração da paixão no cérebro ganhou notoriedade em 2002, depois que os neurocientistas ingleses Andreas Bartels e Semir

Zeki, do University College de Londres, realizaram uma pesquisa com jovens de ambos os sexos que se declaravam "loucamente apaixonados" [...] As tomografias cerebrais revelaram que a atração romântica ativava determinadas áreas do cérebro com uma grande concentração de dopamina [...] Ao comparar imagens escaneadas do cérebro de indivíduos em diferentes estados emocionais de excitação sexual, de outros que estavam se sentindo felizes e de pessoas eufóricas por conta do efeito da cocaína, Bartels e Zeki constataram que elas eram muito parecidas. (PEASE, 2009, p. 26-27)[4]

Contudo, depois deste bombardeio de informações acerca da paixão, você pode estar pensando em nunca mais se apaixonar de novo. Porém, esse não é nosso objetivo. O que desejamos é apresentar uma série de conhecimentos importantes para que você avance para a próxima etapa. Muitos casamentos não duram mais de três anos porque as pessoas decidiram se casar somente por estarem apaixonadas. Estar apaixonados não tendo nada a ver um com outro é uma péssima motivação para alguém que decide se casar.

Saiba que é plenamente possível viver um ardente relacionamento sem necessariamente cair nos enganos que a paixão pode esconder. Eu e Nelson somos prova viva disso. Em vez de nos apaixonarmos primeiro para tentar descobrir se daria certo, invertemos o processo. Assim, conseguimos viver uma amizade saudável, conhecendo um ao outro antes para nos apaixonarmos depois. Não foi algo pensado, mas foi possível. Nós nos apaixonamos, porém, juntos, buscamos a direção de Deus e conseguimos fazer com que nosso relacionamento apaixonado se transformasse em uma relação madura, sem perder a beleza do romance. Se esse não for o seu caso, mesmo apaixonados, não se esqueçam de alimentar a amizade e descobrir o que nutrirá o amor de vocês.

---

[4] PEASE, Allan; PEASE, Bárbara. **Desvendando a linguagem corporal do amor.** Rio de Janeiro: Sextante, 2009.

Desse modo, quando entendemos porque somos motivados a fazer determinadas escolhas, e que a paixão tem bases científicas e biológicas – que não se trata de uma força mística ou divina – adquirimos mais controle sobre nossas escolhas, começando a viver uma transformação poderosa na nossa vida sentimental. Assim, não ficaremos perdidos ou confusos em meio a tantos estímulos e pessoas opinando ao longo das fases iniciais do relacionamento.

FAZENDO ERRADO

Como comentamos antes de abordarmos sobre a paixão nessa seção, explanaremos dois pontos essenciais para que seu relacionamento passe para a fase seguinte e não fique "marinando" ou tropeçando em questões triviais. Preste bastante atenção, pois, ainda que você não tenha entrado em um relacionamento, essas dicas te ajudarão a começar um da forma correta, para que não erre mais se já estiver engatinhando nesse processo.

A DEFRAUDAÇÃO EMOCIONAL

Esse é um assunto que nós entendemos como muito importante por ser bem comum dentro das igrejas. Primeiro porque muitos acreditam que a defraudação é extremamente inofensiva, considerada até como brincadeira, algo que não fará mal nenhum. Segundo porque os que já a praticam não a consideram pecado, até por ser muito comum entre os jovens, trazendo certa emoção e friozinho na barriga, além da sensação boa de estar conquistando alguém ou até ajudando a formar casais. É como se fosse uma grande aventura, só que, na verdade, bem desastrosa! Nós que trabalhamos com adolescentes e jovens há 20 anos, sabemos muito bem o mal que a defraudação pode fazer ao coração de alguém. A aventura pode ser emocionante, mas também é perigosa. Só quem já passou por essa experiência como vítima sabe das cicatrizes que carrega.

A prática da defraudação emocional não acontece só dentro da igreja, ela também é extremamente comum do lado de fora. À noite, nas baladas e barzinhos, é possível presenciar jovens saindo em busca do flerte ou de uma noite com alguém e, muitas vezes, acabam sendo vítimas dessa prática. E o que nos dá até pena é ver que grande parte deles quando se convertem ou voltam para a igreja chegam detonados emocionalmente, precisando de muita cura e apoio. Porém, infelizmente, acabam encontrando nas pessoas dentro da igreja os mesmos comportamentos de seus colegas antigos de farra. Alguns adquiriram essas atitudes na sua velha vida e a transportaram para a igreja. Outros aprenderam já dentro de sua roda de amigos que se dizem cristãos, mas que não conseguem perceber que esse não é o padrão e muito menos o plano de Deus. No fim, acabam sendo levadas pelos mesmos modelos e o resultado quase sempre é a decepção.

Talvez você possa estar se questionando em relação à paquera, se existe a possibilidade de flertar com alguém sem que seja errado. Quanto a isso, precisamos diferenciar duas situações: a conquista e a defraudação emocional. Elas parecem iguais, mas são completamente distintas. Quando estamos solteiros, sem compromisso com alguém, é comum conhecermos pessoas que despertem nosso interesse. Uma troca de olhares, um sorriso ou um gesto de simpatia é natural. A paquera pode ser a primeira tática que vai sinalizar o desejo de conhecer melhor uma pessoa; ela pode despertar o objetivo de uma aproximação para depois firmar um compromisso. Ao contrário da defraudação emocional, que é a forma de se utilizar do flerte apenas para suprir seus desejos e vontades, sem intenção alguma de se comprometer. Nada mais é do que brincar com o sentimento de alguém.

Em resumo, defraudar é despertar na outra pessoa sentimentos, desejos e expectativas que não serão supridas. É tirar proveito, iludir e seduzir sem a intenção de firmar um compromisso visando ao casamento. E sobre esse assunto a Palavra de Deus diz:

> Não dominado pela paixão de desejos desenfreados, como os pagãos que desconhecem a Deus. Neste assunto, ninguém prejudique seu irmão nem dele se aproveite. O Senhor castigará todas essas práticas, como já dissemos e asseguramos. Porque Deus não nos chamou para a impureza, mas para a santidade. (1 Tessalonicenses 4.5-7)

O Senhor fará justiça sobre a defraudação, pois, com certeza, não é o que Ele deseja para Seus filhos, muito menos que eles a pratiquem. Deus nos chamou para uma vida de santidade e compromisso. Portanto, nossas atitudes precisam gerar vida nos que se relacionam conosco, assim como dar bons frutos. A defraudação, pelo contrário, causa morte, o fim da nossa confiança nas pessoas e do desejo de entregarmos nosso coração a alguém. Seus frutos são as feridas que marcam a história de quem sofreu essa decepção. O padrão de Deus para nós, quando nascemos de novo, inicia-se com o processo de conversão e com a mudança dos nossos pensamentos e comportamentos, trocando os parâmetros do mundo pelos de Seu Reino.

Assim, nossos relacionamentos estarão pautados na verdade, na sinceridade, e não nas mentiras, que enganam o outro por não dar o que foi prometido. A defraudação emocional faz com que o outro acredite que receberá algo que não receberá. Estamos fabricando uma mera ilusão na cabeça de alguém, e isso é errado. Existem muitas formas de defraudação, seja dentro de um relacionamento, quando alguém influencia ou interfere no que o outro sente, ou fora dele, quando a pessoa se autossabota.

Existem pessoas que defraudam por esporte, pelo simples prazer de se sentir desejado por alguém, de saber que os outros estão apaixonados por elas. Então, para se sentirem assim aproximam-se, envolvem-se e, quando a pessoa se vê apaixonada, o defraudador simplesmente para de corresponder e passa a ignorá-la para vê-la procurar e pedir sua atenção. Outros agem assim por interesses, como tirar proveito em relação a sexo, dinheiro, *status*, ou qualquer outra coisa. Mostram-se apaixonados, fazem mil promessas, insistem em querer um relacionamento sério, mas vão embora depois que conseguem o que desejam deixando um rastro de decepção.

Há também a defraudação que vem de terceiros – geralmente de irmãos da igreja, parentes ou colegas. São os famosos "cupidos", que mesmo tendo a melhor das intenções comentando e tentando fazer uma pessoa se interessar pela outra, acabam cometendo a fraude. Um dos lados fica em uma saia justa, pois é pressionado a iniciar uma relação com quem não gosta, enquanto o outro lado vive a ilusão de estar sendo amada ou cortejada.

E, por fim, existe a autodefraudação. Nesse caso, é o próprio indivíduo que alimenta pensamentos fantasiosos, sonha com algo que não existe, imagina coisas, ilude-se e se decepciona quando percebe que o pretendente não corresponde aos sentimentos que ele mesmo nutria.

Portanto, é importante sondar e buscar conhecer o outro para não cair nessa cilada. Conhecer o histórico da pessoa que nos chamou a atenção é fundamental para evitarmos sofrimentos. Se ela é defraudadora, provavelmente coleciona vários relacionamentos curtos, ou uma fila de apaixonados atrás dela. Exatamente por essa razão que dizemos que é de extrema importância ter o acompanhamento de líderes e pessoas de sua confiança. São eles que poderão ajudá-lo a discernir a situação para evitar que você se envolva em algo assim.

Procure descobrir se em sua nova amizade existe a possibilidade de compromisso. No início, vá com prudência para não se envolver muito rápido. Será uma temporada em que seus sentimentos exigirão decisões. A paquera saudável é aquela em que tudo acontece naturalmente. Ambos correspondem somente se estiverem dispostos a se conhecerem melhor para, mais à frente, iniciarem um relacionamento, e, então, se casarem.

Por isso, não paquere sem ter um objetivo estabelecido. Fazer isso por diversão, por carência ou apenas como parte de um joguinho, pode despertar expectativas que não serão supridas, e isso é pecado aos olhos de Deus. Provérbios 26.18-19 diz: "Como louco que lança fogo, flecha e morte, assim é o homem que engana o seu próximo e diz: fiz isso por brincadeira" (ARA).

O defraudador é aquele que sabe cativar as emoções do outro, gera uma expectativa, mas, na "hora H", pula fora sem assumir o que fez, além de dizer que foi brincadeira ou mal-entendido. Na verdade, essa pessoa tem intenções impuras de despertar desejos no outro, mas não existe a pretensão de um futuro relacionamento, somente "curtição", e nunca o interesse em se comprometer. Por esse motivo, precisamos ser cuidadosos e responsáveis. Paquerar é pecado? Não! Mas pode se tornar quando é feito da forma errada, no tempo incorreto e com as motivações equivocadas. Estar com uma pessoa sem compromisso, somente para obtenção de prazer e satisfação do ego, é, em outras palavras, carnalidade.

Escolher a pessoa amada, ao contrário do que muitos pensam, não é como uma prova de múltiplas escolhas, em que podemos arriscar uma resposta quando não sabemos ao certo a solução. Não é uma questão com uma porção de tentativas até finalmente conquistar um acerto. Alcançarmos sabedoria para fazer o que é certo é uma jornada pessoal com Deus. Lemos em Provérbios 1.7: "O temor do Senhor é o princípio do conhecimento, mas os insensatos desprezam a sabedoria e a disciplina". Precisamos escolher andar nesse caminho com Deus e permitir que Ele nos oriente ao longo da nossa jornada.

FICAR PARA SE CONHECER

Mas é claro que não passaríamos por este assunto sem tratarmos sobre o "ficar", que nada mais é do que a satisfação de um desejo. As pessoas fazem isso por uma razão: buscam saciar seus desejos afetivos e físicos, passando um tempo em contato íntimo com alguém. Porém, essa atração quase sempre não carrega qualquer tipo de compromisso, ou seja, é pura carne. E se o sexo entre cristãos é comum, imaginem então esse hábito no mundo. A desculpa que dão é de que estão "se conhecendo" para namorar. No entanto, um cristão nascido de novo, com o mínimo de maturidade, entende perfeitamente que ficar não é uma prática correta para um filho de Deus. Somente alguém que ainda está debaixo das influências e conceitos do mundo discordará dessa posição.

A mentalidade desta geração nos diz que não é pecado ficar, que não há problema algum se alguém que não está comprometido deseja fazer isso. Ainda mais se duas pessoas se envolverem apenas por uma noite, por exemplo. Podemos pensar que seria muito radical achar que uns beijinhos causariam algo tão ruim assim. No entanto, é uma verdade que esses carinhos trazem prazer e, naquele momento, saciam sua carência. Aí está o problema! Uma ficada nos satisfará somente por um instante, e não é isso que procuramos. Na realidade, o que de fato desejamos é ter alguém ao nosso lado para toda a vida, e não por um momento. Desse modo, esse tipo de comportamento não nos levará ao nosso objetivo, pois perderemos tempo, além de nos prejudicar.

Temos visto ao longo destes anos de ministério as consequências que esse comportamento traz. As pessoas que o praticam nunca estão satisfeitas, não se saciam e se distanciam de Deus. Elas levam uma vida espiritualmente superficial, nunca se sentem realizadas porque estão sempre se envolvendo em relacionamentos tóxicos. Encontram muita dificuldade de desenvolver um romance estável, duradouro e saudável se comparado àqueles que não se rendem a esse tipo de comportamento.

Não é possível viver uma vida que agrada a Deus e à carne, como vemos em Colossenses 2.20: "Já que vocês morreram com Cristo para os princípios elementares deste mundo, por que, como se ainda pertencessem a ele, vocês se submetem a regras". Quando Deus enviou Seu filho, Ele nos convidou para uma nova vida, não mais debaixo dos prazeres da nossa carne, pois não somos mais escravos dos desejos deste mundo. Antes de termos Jesus como nosso salvador, vivíamos como as pessoas que estão sob influências erradas e com um comportamento semelhante ao dos não cristãos. Mas agora não pertencemos mais ao mundo, e sim ao Reino de Deus.

Tudo muda depois que entendemos essa nova perspectiva de vida. As leis e princípios dos Céus são diferentes das leis que regem as pessoas que ainda vivem no mundo. Por exemplo, para os que não nasceram de novo em Cristo, transar antes do casamento é normal, além disso, a pornografia, a masturbação e o divórcio também são práticas comuns. Para eles, guardar-se sexualmente até o casamento não faz sentido e consideram um absurdo uma decisão como essa. Mas quem é nova criatura compreende os princípios bíblicos e entende que eles ajudarão a acertar em suas escolhas na vida sentimental.

O mundo nos oferece relacionamentos descartáveis, mas Deus não, Ele nos presenteia com alianças eternas. A proposta do Pai para qualquer relacionamento é o compromisso, seja como irmãos em Cristo, pais, mães, maridos ou esposas. Não existe um relacionamento sequer onde Deus oriente o contrário. Ele nos ensina e estimula a apoiarmos e amarmos uns aos outros; até mesmo os nossos inimigos. Por isso, "ficar" com alguém é uma demonstração egoísta e descomprometida de saciar unicamente a sua carne, proporcionando prazer às custas de outra pessoa. Não há como encaixar esse comportamento em um contexto de compromisso, amor ao próximo e respeito.

Acertar quem será a pessoa ideal passa por um conjunto de atitudes e escolhas que fazemos ao longo da caminhada. Até quando você trocará o que mais quer na vida por aquilo que mais quer momentaneamente? Ou, ainda, até quando continuará trocando o propósito de Deus por uma simples proposta? Não se deixe enganar. Como você viverá um amor para sempre se está ocupado com uma paixão, que é passageira? É difícil encontrar um amor para vida inteira enquanto perdemos tempo com amores descartáveis. Creia que não existe nenhum prazer que o mundo possa oferecer que seja melhor do que Deus tem para nos dar. E antes de virar esta página, responda às perguntas acima para si mesmo.

CAPÍTULO 6
QUANDO SEI QUE ESTOU PRONTO?

ANGELA CRISTINA

Em nossos seminários, costumamos reforçar quão fantástico é o cérebro. Ele trabalha sem parar, 24 horas, 365 dias no ano, desde nosso nascimento até... Nos apaixonarmos. Sabe aquela frase: "A paixão é uma flor roxa que nasce no coração do trouxa!"[1], pois bem, esta é uma forma um tanto quanto indelicada de tentar explicar por que as pessoas parecem ficar abobalhadas quando estão apaixonadas. Ainda que a ciência já tenha suas explicações, como vimos no capítulo anterior, uma coisa é certa: apaixonar-se é uma sensação incrível, pode ter certeza! Quando estamos nessa fase, desejamos ardentemente a companhia da outra pessoa o tempo todo. Existe um envolvimento total ao estarmos juntos e um enorme prazer em cada encontro, por mais simples que seja. Cada vez que nos distanciamos, por conta da rotina do dia a dia, mal podemos esperar para estarmos unidos novamente.

A paixão faz nosso coração bater mais forte, nossa respiração muda, sentimos aquele friozinho na barriga, as pernas tremem e, algumas vezes, perdemos até a fome. Em certas ocasiões, o

---

[1] SAMBA, T. **Flor Roxa**. São Paulo: Universal Music International Ltda., 2000.

sono também vai embora só para ficarmos pensando naquela pessoa. Enquanto estamos deitados, ficamos a imaginar e, quando dormimos, ainda sonhamos com ele ou ela. Nessas etapas iniciais do romance, tudo gira em torno do pretendente. Esse sentimento produz sensações maravilhosas quando estamos sob seus efeitos, sendo responsável por nos inspirar a compor lindas canções, escrever romances extraordinários e elaborar poemas comoventes. Porém, tudo em excesso faz mal, e esse exagero também é capaz de desencadear ciúmes, provocar paranoias e comportamentos violentos.

Logo, todo esse conjunto de afeições é o que convence as pessoas de que tudo se resume a três palavras mágicas: "Eu te amo!". Note que o que narramos acima são apenas sensações. E é exatamente isto que é a paixão: uma explosão de sentimentos, desejos e vontades que produzem em nós os mais variados e incríveis prazeres. Mas ela certamente não é sinônimo de amor. O amor é maduro, a paixão é inconsequente. Sempre que penso no primeiro, lembro-me da passagem de 1 Coríntios 13:

> O amor é paciente, o amor é bondoso. Não inveja, não se vangloria, não se orgulha. Não maltrata, não procura seus interesses, não se ira facilmente, não guarda rancor. O amor não se alegra com a injustiça, mas se alegra com a verdade. Tudo sofre, tudo crê, tudo espera, tudo suporta.
> (1 Coríntios 13.4-7)

Com isso, não estamos dizendo que paixão não pode se transformar em amor. Mas se ela não amadurecer, continuará sendo somente esse sentimento passageiro. Por isso, antes que seja tarde, precisamos colocar a vida sentimental em ordem para evitar que o "bichinho da paixonite" nos pique, e, então, estaremos verdadeiramente prontos para iniciar um relacionamento.

GUARDE O SEU CORAÇÃO

Quando o assunto em pauta são nossos sentimentos, costumamos dizer que "são coisas do coração". É claro que não é nele que elas são realmente geradas, mas é com ele que simbolizamos esse universo. Sabe por quê? Quando a paixão bate, não é o cérebro que dispara, é o nosso coração que acelera, quase saindo pela boca! Também é ele que dói quando sofremos uma desilusão amorosa. Como você já viu nos capítulos anteriores, tudo isso é uma parte muito importante da nossa vida. Infelizmente, a maioria de nós não nota, e passamos a tratar essas emoções de qualquer jeito. Por não darmos o valor devido, acabamos maltratando e ferindo nosso coração, e é aí que começamos a sentir e compreender quão importante ele é.

Sendo assim, quando estamos com o coração ferido, outras áreas também são atingidas, o que nem sempre acontece com o caso invertido. Quando ele está machucado, a insônia vem como uma companheira, passamos a noite em claro revivendo as emoções e sensações da decepção. Choramos a perda, pensando por que tudo aconteceu, e até "stalkeamos" a pessoa na *internet* (quem nunca, não é mesmo?). Enterramos a cara no travesseiro, e a única coisa que queremos na vida é dormir para fugir daquele turbilhão de emoções. Nós nos trancamos no quarto e não desejamos ver ninguém. Parece que o pesadelo nunca acabará, e só o que conseguimos fazer é chorar. A dor é de tamanha intensidade que a sentimos fisicamente – alguns ficam tão mal que adoecem de verdade. Uma ferida no coração pode ser tão devastadora que consegue baixar nossa imunidade e nos deixar de cama!

Se você nunca passou por isso, com certeza conhece alguém que já. Nós ficamos tão tristes que as notas nos estudos caem, perdemos peso, o trabalho não rende e não conseguimos manter a nossa atenção em outras coisas por muito tempo. Tudo gira em torno da dor, como se ficássemos reféns dela.

O coração ferido interfere tanto que, muitas vezes, essa angústia consegue alcançar aquilo que imaginamos ser inalcançável: a nossa vida com Deus. Iniciamos um relacionamento achando que é inofensivo, mas acabamos tão machucados que nos afastamos até do nosso Pai. Já vi muitas pessoas que estavam bem espiritualmente, envolvidas na igreja e no seu chamado, felizes no ministério, mas acabaram se afastando, esfriaram e até mesmo se desviaram da fé por conta desses sentimentos. Elas se revoltaram, culpando a Deus pela decepção.

Isso acontece porque achamos que guardar nosso corpo é suficiente, como abordamos em maior detalhe no capítulo três. Então, focamos no fato de permanecermos virgens, supondo que, assim, estamos agradando a Deus. E sim, até certo ponto isso é uma verdade, pois a Palavra nos diz que devemos possuir nosso corpo em santidade. Porém, guardando somente o nosso corpo, ficaremos suscetíveis às nossas emoções. Se mirarmos apenas o corpo, abriremos a guarda e acabaremos nos relacionando de forma despretensiosa. Muita gente cai no engano de que namoros são inofensivos, que não faz mal nenhum se envolver emocionalmente com as pessoas e que nem pecado é. Mas isso é uma grande mentira!

Relacionar-se de forma leviana fere o outro e a nós mesmos, além disso tudo se reflete na nossa vida e no nosso futuro. Existem alguns que não saem por aí fazendo sexo, nem vivem de amassos, mas têm prazer em defraudar os outros e gostam de brincar com o sentimento alheio. Há também os que são verdadeiros estelionatários emocionais. O prazer deles está em lançar charme, conquistar e, então, quando veem que a pessoa está envolvida e apaixonada, descartam-na e passam a ignorá-la. Eles acabam sumindo, deixando-a completamente arruinada e magoada e, assim, partem para a próxima presa fácil que encontrar no caminho.

Por isso, não caia no engano de guardar só o corpo e abandonar o coração, chegando com o seu físico intacto, mas com o interior arrebentado! As nossas emoções interferem em tudo, e o que fazemos com o que sentimos, além de influenciar nosso dia a dia, também gera consequências para o nosso futuro. Algumas pessoas acreditam que Deus nos dá os princípios para nos reprimir ou complicar a vida, quando, na verdade, o Pai os dá para nos guardar e proteger. Tanto é que Sua Palavra diz: "Sobre tudo o que se deve guardar, guarda o coração, porque dele procedem as fontes da vida" (Provérbios 4.23 – ACF). Esse provérbio nos revela que as fontes da vida procedem do coração, pois, realmente, ele é a nascente que rega todas as outras áreas, influenciando tudo com a sua essência. Por isso que é tão importante guardarmos o coração.

As nossas experiências emocionais podem influenciar diretamente a alma, tornando o coração aprisionado, não guardado. Agora analise como está o seu coração. Se ele vai bem, se está intacto ou em frangalhos, aprisionado ou guardado. Assim, quando o grande momento chegar, você terá um coração reluzente e saudável para entregar. Caso contrário, precisará catar os caquinhos e reunir cada pedaço para oferecer de presente ao amor que você esperou por tanto tempo. Mas, se ao olhar para dentro, você vê um coração inteiro e saudável, quero incentivá-lo a permanecer firme, e não desistir. Resista firmemente às pressões do mundo e continue caminhando e cuidando dele. O Pai que vê em secreto vai recompensá-lo (Mateus 6.6). Porém, se esse não é o seu caso, e você encontra apenas um coração cansado, ferido e em pedaços, não se desespere, estamos aqui para dizer a você que não é tarde, pois chegou a hora de parar de cometer os mesmos erros. Se até aqui você fez errado, agora é o momento de começar a fazer corretamente.

NÃO ANDE NA CORDA BAMBA

A primeira e maior decisão que poderá mudar seu rumo é escolher andar com Deus. Sem sombra de dúvidas, a principal causa de uma vida sentimental desastrosa e decepcionante está em viver independente do Pai ou de modo superficial. A maioria das pessoas faz escolhas erradas porque ignora os princípios bíblicos e decide iniciar seus romances sem um mínimo de orientação, muito menos orientação divina.

É muito doloroso, complicado e extremante penoso tentar viver nossa vida sentimental sem ter experiências com Deus. Somente Ele é poderoso para nos transformar de forma genuína, profunda e duradoura. Um relacionamento raso com o Senhor só produz cristãos imaturos e com pouco discernimento para tomar decisões importantes. Andar desse jeito nos tira do lugar seguro e nos deixa perdidos em meio aos nossos sentimentos, pensamentos, dúvidas e opiniões mundanas. É como andar em uma corda bamba, em que o balanço nos deixa inseguros e, enquanto avançamos, vamos oscilamos para um lado e para outro. Ficamos expostos às armadilhas do Inimigo, que sabe muito bem se aproveitar da situação e explorar nosso emocional abalado.

Nessa tentativa de buscar fazer o que é certo, algumas pessoas se envolvem profundamente em suas igrejas, participam de todos os cultos, frequentam células e vigílias, mas, na verdade, não conhecem intimamente o Senhor da Igreja. É muito importante estarmos, sim, envolvidos em Sua casa, mas não se iluda: não é suficiente para uma vida de intimidade com Deus. Não confunda atividade religiosa com relacionamento com o Pai. Fazer as coisas d'Ele não é o mesmo que estar com Ele. Da mesma forma que nos envolvermos não é o bastante para nos alimentarmos de Deus nem para conhecê-lO profundamente.

Temos visto uma geração que vive um ateísmo prático: cantam que amam a Deus no domingo, mas, de segunda a sábado, fazem escolhas como se Ele não existisse. O que esta geração não entende é que se faz necessário buscar experiências pessoais e íntimas com o Senhor, como prioridade, se, de fato, desejam viver uma transformação genuína em suas vidas sentimentais.

Nossas maiores decisões devem ter como fundamento o relacionamento com o Pai, onde encontramos qualquer resposta que precisamos devido nossa maturidade espiritual. É por isso que o romance mais importante da nossa vida é o nosso relacionamento com Jesus. Não existe possibilidade de submetermos nossas vidas emocionais aos padrões d'Ele se não temos compreensão do que Ele mesmo pensa sobre o assunto.

Por essa razão, nas próximas páginas daremos algumas dicas práticas que você poderá observar e buscar fazer a partir deste momento, visando transformar todas as áreas da sua vida. Assim, você mergulhará fundo no seu romance com Deus, até que veja toda a sua vida transformada pelo Seu poder.

AME A PALAVRA DE DEUS

Relacionamento de intimidade com Deus é algo pessoal que cultivamos em nossos momentos com Ele, e cada um, no seu dia a dia, encontra a melhor forma para de se dedicar a isso. A Bíblia é uma ferramenta maravilhosa nessa relação, já que ela contém revelações do que Deus pensa sobre muitos assuntos, além de ser o lugar em que encontramos muitas respostas. Ela é a carta do Senhor para a humanidade. Se desejamos viver uma vida transformada, precisaremos ler e meditar na Palavra, para que Seus conceitos entrem em nossos corações, tornando-se parte do nosso dia a dia. Se consultássemos as Escrituras Sagradas para sanar as dúvidas como consultamos o Google, certamente teríamos menos problemas!

Deixamos, a seguir, quatro dicas práticas para que você desenvolva amor pela Palavra de Deus:

Comece com pequenas porções: Ler a Bíblia sistematicamente pode consistir em uma mudança extremamente radical para alguns, tendo em vista que vivemos em uma sociedade que não tem o costume de ler. Desse modo, assim como no caso de alguns medicamentos, que não devem ser consumidos de maneira impulsiva, a leitura das Escrituras deve ser introduzida lentamente, sem pressa de querer terminar tudo em poucos dias. O ideal é que se leia até o fim, não somente algumas partes. Comece aos poucos, lendo ao menos três capítulos por dia, pois, segundo o dito popular: "Devagar se vai mais longe".

Informe-se sobre cada livro: Como em qualquer leitura, é importante conhecer o contexto, o autor e entender o objetivo para o qual a obra foi escrita. Hoje, muitas Bíblias contêm estudos e possuem uma breve explicação antes de cada livro. Além disso, a *internet* disponibiliza muito conteúdo *on-line* com estudos mais detalhados, muitos deles até gratuitos. Então, lembre-se: não fique no raso lendo a Palavra de Deus como um livro qualquer; vá mais fundo e busque compreender melhor cada assunto, conceito, verso e palavra.

Intercale o Antigo e o Novo Testamento: Nem todos conseguem começar a leitura bíblica pela primeira parte. Isso, porque seus primeiros registros são históricos e, para muitos, um pouco cansativos. Sendo assim, leia simultaneamente o Antigo Testamento com algumas porções do Novo Testamento. Isso pode ajudar sua leitura a ser mais prazerosa e você não se cansará desistindo no caminho.

Combine a leitura com a oração: Ore pedindo ao Espírito Santo que ajude você a compreender o que está prestes a ler.

Peça para enxergar o que talvez não tenha visto ou ouvido sobre uma história já conhecida. A Palavra de Deus é viva e sempre traz novidade para nós. E, ao final da leitura, ore submetendo sua vida ao padrão da vontade de Deus com base no que você leu. Assim, poderá aplicá-la nas circunstâncias atuais de sua vida. Você vai se encantar ao perceber com seus próprios olhos como um livro escrito há mais de 2000 anos continua fazendo – e assim continuará – tanto sentido para as situações que vivemos hoje.

DESENVOLVA O HÁBITO DA ORAÇÃO

A exemplo da leitura bíblica, uma vida de oração depende de como esse hábito é criado. Do mesmo modo, o tempo e a intensidade são desenvolvidos aos poucos. Não adianta querer orar uma hora por dia se você está começando agora. Comece com orações curtas para que, gradativamente, com o passar dos dias, elas cresçam. Quando você perceber, estará horas na presença de Deus.

E aqui vão mais cinco dicas, mas agora sobre o tópico da oração:

Prepare o ambiente: Assim como os apóstolos estavam constantemente em oração, você irá perceber que precisamos orar o tempo todo. Porém, isso não elimina a necessidade de reservarmos um período diário para essa prática. Estipule um horário fixo, de sua preferência, para iniciar esse hábito. Isso ajudará a oração se tornar rotina na sua vida.

Encontre sua maneira ideal: Alguns conseguem orar em silêncio, mas outros cairão no sono nos primeiros 5 minutos. Uns preferem fazer no início do dia; já outros preferem reservar uma parte de suas noites para orarem. Seja como for, teste de um jeito ou de outro, buscando encontrar a maneira que mais lhe agrade, e persista. Lembre-se que hábito só se torna um comportamento depois de muita repetição, com frequência e regularidade.

Tenha caneta e papel: Deus deseja falar conosco e é sempre importante anotarmos o que Ele diz, pois podemos ser presenteados com palavras e/ou visões enquanto oramos. Outra boa razão para anotarmos é que os tópicos e assuntos da oração podem ser esquecidos. Por isso, sempre tenha um caderno em suas mãos.

Ore constantemente por sua vida sentimental: Coloque diante de Deus seus sentimentos, carências e expectativas. Não ore por uma pessoa somente depois que você a encontrar. Lembre-se do que falamos e inverta essa ordem, orando antes para encontrar depois.

Ore de maneira multidimensional: A oração não é somente pedir, mas sim uma conversa com o Pai. Isso inclui agradecer, abrir o coração, interceder e muitas outras coisas. Não se limite a apenas fazer pedidos. Lembre-se de reservar um tempo para ouvir o Espírito, pois Deus deseja falar também. Você não está em um monólogo, mas, sim, construindo um relacionamento de intimidade com Ele!

A oração é algo que ninguém nasce sabendo, mas um hábito que desenvolvemos com o passar do tempo. A melhor maneira de aprender a orar é praticando, pois ela é um exercício, e não uma obrigação. Simples assim. É como fazer musculação: começamos devagar e sem pesos. Quanto mais repetirmos o exercício, mais forte vamos ficando com o tempo e, gradativamente, mais carga vamos adicionando com a prática. O mesmo ocorre com a oração, com o exercício diário, nossos músculos espirituais vão sendo fortalecidos.

Por fim, deixa-me dizer uma coisa a você: velhos caminhos não abrem novas portas! Então, posicione-se a partir do que tem aprendido até aqui. Chega de deixar a porta do seu coração escancarada para qualquer um entrar! Faça novas escolhas, buscando primeiro um relacionamento com o Noivo, Jesus, e assim, guardando seu coração e selecionando apenas as pessoas que têm potencial para conhecê-lo. Deixe que o Pai entre e limpe toda bagunça, permitindo que Ele traga cura através do perdão e restauração, para que esteja inteiro, e não em pedaços. Ele é um Deus de recomeços e deseja curar as suas feridas, fazendo do terreno baldio do seu coração um lindo jardim. Assim, você estará livre para, finalmente, entregá-lo no momento certo, quando ele estiver pronto para ser despertado pelo amor.

CAPÍTULO 7
NAMORO VEM COM MANUAL?

ANGELA CRISTINA

Finalmente, depois de tanto tempo procurando, você encontrou alguém que vale a pena. Esse é um momento muito esperado. Porém, nessa situação, às vezes, queremos tanto alguma coisa, trabalhamos muito por ela que, quando realmente acontece, ficamos perdidos sem saber o que fazer. Estávamos tão focados na busca que não paramos para pensar em como seria quando chegasse a hora. Por isso, precisamos entender que nossa jornada com Deus não acaba no momento em que conhecemos alguém. É como se ela recebesse um *upgrade*, e, com isso, precisássemos entender quais são os próximos passos.

Mas se esse não é o seu caso, e você ainda não alcançou essa realização, ou seja, se a tampa da sua panela ainda não apareceu, aproveite este capítulo para se preparar. As próximas páginas ajudarão você a entender melhor sobre esse tempo tão sonhado, que é o de se relacionar com alguém.

O PROPÓSITO DO NAMORO CRISTÃO

O processo de um namoro cristão deve ser: conhecer alguém, sentir se há correspondência entre vocês e descobrir se ele(a) se encaixa no propósito de Deus para sua vida. Então os dois se unem em uma só carne e, assim, passam a cumprir a vontade do Senhor para suas vidas, agora, juntos. Porém, algumas pessoas costumam iniciar seus relacionamentos por simplesmente desejarem estar com alguém, quando, na verdade, deveriam pensar no propósito para essa união. Muitos namoros começam por razões sem fundamento algum, seja porque "rolou um clima", pela falta de uma companhia ou porque alguém se apaixonou. Agora, quando falamos de propósito, esse é deixado para um segundo plano – se é que chega a ser considerado. Infelizmente, essa é a realidade de muitos relacionamentos cristãos.

Mas o que todos nós precisamos ter em mente é que o propósito deve ser a coisa mais importante de uma relação. Isso, porque ele é o objetivo, a intenção e o motivo pelo qual fazemos algo. Quando temos um foco pré-estabelecido, nosso comportamento é influenciado, e atribuímos um significado para o que fazemos. É isso que sustentará e direcionará nosso caminho. Assim, se não entendemos o propósito, somos guiados por motivações erradas, que nos levam a saciar somente nossas carências e, consequentemente, distancia-nos do plano original de Deus para nós.

Desse modo, quando o Pai criou o romance, estabeleceu um objetivo revelado já nos primeiros capítulos da Bíblia: "Disse mais o Senhor Deus: 'Não é bom que o homem esteja só; far-lhe-ei uma auxiliadora idônea para ele'" (Gênesis 2.18 – ACF). Ele percebeu a necessidade de Adão e, vendo que sua situação não era boa, decidiu remediá-la fazendo uma companheira que o correspondesse. Mas calma, isso não é bem o que você está pensando. Não, Deus não arrumou uma namorada para amenizar a solidão de Adão. Na realidade, fez melhor, preparou para ele uma esposa que o ajudasse em todas as coisas.

Então, uma vez que a mulher foi criada, no verso 24, está escrito que, por essa razão, o homem deixaria pai e mãe e se uniria à sua esposa, tornando-se com ela uma só carne. Veja que não fomos criados para namorarmos várias pessoas até nos casarmos. E é por isso que nosso conselho, quando nos perguntam, consiste em não nos relacionarmos até que tenhamos a plena convicção de que desejamos conhecer melhor o nosso (ou a nossa) pretendente para o casamento. Como falamos, nem perca seu tempo iniciando algo se não pensa que esse grande dia pode acontecer nos próximos três anos. Não seja levado pelas motivações erradas, que vão te frustrar e ferir outras pessoas.

Diante disso, o período de namoro deve ser aproveitado com muita sabedoria. É nesse tempo que o casal irá se conhecer emocionalmente, descobrir as afinidades, defeitos e qualidades, deixando a intimidade física para depois. Muitos perdem a chance de se tornar completamente íntimos porque se deixaram levar pelos desejos, conhecendo antes o corpo um do outro, sem aprofundarem os laços do coração. Vamos falar melhor sobre isso mais à frente. Mas, por hora, entenda que a vontade de Deus é que relacionamentos se iniciem visando o casamento, e não para alimentar as carências ou desejos da carne. Que possamos sempre ser guiados pelo propósito, e não pela motivação!

SERÁ QUE A GENTE COMBINA?

Mesmo quando começamos um relacionamento com o propósito certo, podemos ficar inseguros e nos questionar se a pessoa combina conosco ou não. Então, antes de batermos o martelo tomando a decisão final seguindo para o altar, precisamos conversar muito para conhecer um ao outro e saber se os pontos importantes convergem ou não. Por mais que pareça óbvio, antes de dizer "sim", é importante conhecer o pretendente o máximo possível. Não se concentre somente no físico da pessoa. Não fique apenas interessado em saber se ela é bonita e se beija bem. A beleza de fora é fácil de constatar, porém, o mais importante, o que fará toda a diferença, é conhecer o que está por dentro.

Além disso, uma parte importante de conhecer seu pretendente é fazer uma análise realista de seus defeitos. Depois que as emoções diminuem, fica mais fácil visualizar o lado negativo da pessoa, ou melhor dizendo, o menos positivo. Sabemos que as imperfeições existirão, pois, neste mundo, ninguém nasce pronto. E é por isso que precisamos conhecer e aceitar essa questão. Quando não sabemos lidar com algumas características do outro, podemos cair na besteira de acreditarmos que conseguimos mudá-lo. Entretanto, a verdade é que ninguém muda nenhuma pessoa nesta vida. Pense bem, se temos dificuldade de transformar a nós mesmos, imagine os outros. Como quando tentamos alterar nosso estilo de vida, indo para a academia, por exemplo, mas vamos uma ou duas vezes e logo desistimos. Em quantas situações já dissemos para nós mesmos que faríamos algo diferente e, na "hora H", repetimos o erro? Modificar algo não é uma questão tão simples assim. Leva tempo, precisamos de vontade para isso e da ajuda do Espírito Santo.

Pensando nisso, devemos entender se certos defeitos da pessoa vão ou não interferir no futuro casamento. Nossa dica é refletir se você consegue lidar com essa falha. Se for algo que o irrita e aborrece, mas que é contornável, então, ok. Mas se for uma coisa extremamente fora dos seus princípios, que tira você do sério e traz frustração, então você precisará pensar e conversar a respeito, pois isso fará toda a diferença em um relacionamento a longo prazo. Não se engane achando que conseguirá mudar uma característica da pessoa ou escapar de uma situação de incompatibilidade total. Mas, desde já, entenda que é importante compreender os defeitos e saber lidar com eles, afinal você também tem os seus!

A FAMÍLIA É IMPORTANTE?

Sim! Esse também é um ponto que devemos considerar em relação ao nosso futuro cônjuge. Afinal, o velho dito popular diz que, quando nos casamos com alguém, não firmamos uma aliança apenas com a pessoa, mas com sua família também. Por isso, temos de estar atentos ao contexto familiar dela. Alguns fatores do ambiente em que ela vive, por exemplo, como é o relacionamento conjugal de seus pais, quais os valores ensinados por eles aos filhos, até a forma como o seu pretendente trata os pais e os irmãos são questões importantes de observarmos. Já que o que acontece dentro de um lar pode dizer muita coisa sobre o futuro de seu possível relacionamento, sobre o que ele levará para a intimidade de vocês dois. Provavelmente, você já deve ter ouvido dizer que seu amado(a) se parecerá com a mãe ou o pai dele(a). E tem gente que, só de ouvir isso, fica todo arrepiado e entra em desespero. Com isso, não queremos dizer que a pessoa será exatamente igual aos pais que tem, mas em certo nível certamente se parecerá.

De fato, não podemos negar que os pais são a maior influência que nós possuímos e, de alguma forma, somos fruto do meio em que fomos criados. É claro que a conversão e o conhecimento de Cristo nos trazem muitas mudanças. Porém, precisamos levar em conta que, falando de características positivas ou negativas, nós nos parecemos muito com os nossos pais, até mais do que somos capazes de perceber. Cedo ou tarde, vamos acabar tendo comportamentos semelhantes aos que vimos e vivenciamos em casa, porque foi esse o nosso modelo de criação. E é principalmente nos momentos de conflito, quando nossos ânimos estão exaltados, que costumamos ver os comportamentos negativos deles se repetindo em nós. Sendo assim, é importante percebermos em nós e no outro como reagimos quando uma discussão acontece.

Além disso, alguns comportamentos podem ser inaceitáveis para você, mas comuns na família do outro, como ficar agressivo, levantar o tom de voz, usar palavras que ofendam ou falar tudo que vem à cabeça, por exemplo. Se essas atitudes forem corriqueiras no núcleo familiar da pessoa, é bem provável – não estamos dizendo que isso é certo – que ela repetirá as mesmas reações quando estiver nervosa ou sob pressão, pois ela não aprendeu a expressar suas emoções ou frustrações de outra forma. Dentro disso, há as famílias que não utilizam o diálogo, ou não sabem expressar suas reações verbalmente, e usam comportamentos não saudáveis, como virar as costas; deixar o outro falando sozinho; evitar conflito ficando calado; nunca discutir e ignorar ou dizer que o outro está certo só para finalizar a conversa, como forma de proteção. Muitos ficam sem se falar por um tempo quando estão com raiva, e não procuram a pessoa para conversar depois da briga para pedir perdão. Talvez o orgulho seja ensinado e incentivado na família como algo positivo, fazendo com que se repita continuamente nas novas gerações.

Em síntese, muitos chegam ao casamento sem conhecer o modelo familiar do outro, e isso gera grandes conflitos. Por isso, se você não gosta do que vê, a boa notícia é que esses comportamentos podem ser alterados quando há o desejo de mudança. Uma boa hora para isso acontecer é durante o namoro. Não espere para descobrir ou conversar sobre essas questões só depois do "sim", pois se não houver transformação antes, será tarde demais, e você terá de encará-las pelo resto de suas vidas. Para ajudá-los nessa tarefa, separamos um exercício fácil para o casal, começando pelos homens.

Faça uma lista sobre os pontos que você gosta no seu pai – tio, avô, ou a figura masculina que o influencia – e depois escreva, também, o que considera como pontos negativos nele. Agora a sua amada tem de fazer a mesma coisa: enumerar os pontos positivos e negativos do futuro sogro dela. Com as listas prontas, vocês precisam analisar juntos os pontos em concordância e os que gostariam que fossem mudados. Elenque também as atitudes específicas que você tomará para fazer essas mudanças. Agora é só inverter. A mulher deve fazer a lista dela baseada em sua mãe ou, na figura de influência feminina da vida dela; e o homem, da sua futura sogra. Mas nunca se esqueçam de que o respeito é o segredo do sucesso, pois apontar pontos negativos não lhes dá o direito de ser desrespeitosos. Familia é algo muito caro para aqueles que a valorizam. Por isso, todo cuidado é pouco nessa hora. Tenham em mente que o objetivo desse teste não é acusar ou ter uma oportunidade para criticar os pais do outro, mas identificar pontos em que ambos podem melhorar.

SUBMETENDO A RELAÇÃO

Poder contar com pessoas que nos apoiam e ajudam a discernir passos importantes da nossa vida é algo que não tem preço. Não falo somente na área emocional, mas em tudo. Se essa fosse uma prática comum, todos teriam menos feridas e problemas, já que costumamos fazer escolhas erradas pelo simples fato de vivermos de forma independente. Caminhamos sozinhos e, por conta disso, não conseguimos enxergar perigos iminentes, caindo, assim, nas ciladas do Inimigo. Por essas e outras razões, precisamos valorizar o discipulado e entender que, além de ser uma bênção, é um princípio bíblico.

Mas ainda há aqueles que creem que a melhor escolha é não se submeter a ninguém, muitas vezes, por serem vítimas de experiências ruins, traumas ou abusos. Essas pessoas dizem frequentemente frases como: "Ninguém paga minhas contas" ou "Meus pais não devem se meter em minha vida amorosa, isso é pessoal", mas elas se esquecem de que nos momentos de crise, dor ou sofrimento, são eles que dão apoio e consolo. Até porque ninguém vive sozinho. Precisamos abandonar a independência e nos submeter uns aos outros, pois ser acompanhados por orientadores pode nos livrar de precipitações que trazem consequências amargas.

O ideal é que comecemos a ser orientados por alguém antes mesmo de nos envolvermos em um relacionamento. Contudo, o que vemos acontecer é o contrário: muitos iniciam um romance apenas pelos gostos, afinidade, sem aprovação de ninguém. Porém, podemos e devemos contar com os nossos pais, nossos líderes espirituais ou um casal cristão que trabalhe com aconselhamento para nos auxiliar nas boas escolhas. O importante é que seja alguém maduro na fé, conhecedor da Palavra e em quem você confie para se abrir. Então, ao longo do processo, você vai submetendo suas experiências a essa pessoa. Quando conhecer uma pessoa interessante, compartilhe. Fale sobre cada encontro, sobre as conversas, divida tudo com o seu conselheiro. Sempre orem juntos para discernir o que Deus está falando a respeito. E à medida que o sentimento for aumentando, continue compartilhando. Não esconda nada, seja sempre transparente. Faça perguntas, fale de seus medos, suas ansiedades e, se a amizade apontar para algo sério, esta é a hora do pretendente se encontrar com o seu discipulador para terem uma boa conversa e os propósitos serem alinhados. Assim, você estará amparado e o conselheiro poderá ajudá-los a compreender se o relacionamento tem futuro, se é algo momentâneo ou até mesmo um engano do coração.

Se atualmente você está em uma relação sem acompanhamento, nosso conselho é que procure alguém. Cremos que, quando estamos debaixo dos princípios, plantamos obediência e, nela, sempre teremos boa colheita.

Sujeitem-se uns aos outros, por temor a Cristo. (Efésios 5.21)

Ter alguém que nos apoia, incentiva e orienta é um tesouro. Poder contar com a experiência daqueles que nos amam e nos querem bem é um presente. Não perca a oportunidade e permita que pessoas que amam a Deus participem da sua jornada. Você se sentirá muito mais leve e seguro, pois somos um em Cristo. É maravilhoso quando podemos viver essa realidade, apoiando e protegendo uns aos outros.

COMO LIDAR COM AS BRIGAS?

Eu e Nelson estamos casados há 21 anos, e podemos dizer que as brigas são normais em qualquer relação. Discutimos com nossos pais, irmãos, primos, amigos e tantos outros, e claramente isso não seria diferente com nossos namorados(as) ou cônjuges. Há quem acredite que ter conflitos não é um bom sinal, e que um casal que nunca briga é o certo. Mas os atritos acontecem porque somos pessoas diferentes, por isso, na convivência, certamente faremos algo que desagradará o outro. Isso é saudável, comum e nos ajuda a lidar com as emoções e conhecer o universo da outra pessoa.

Portanto, um casal que nunca briga não está necessariamente expressando alinhamento. Na realidade, isso é mais um reflexo de pessoas que não sabem dialogar e, muitas vezes, escondem suas frustrações. Em nossa jornada de relacionamento, aprendemos que o mais importante não é cessar as brigas, até porque, em todo esse tempo, ainda não conseguimos essa proeza. O que todos precisamos aprender é como "brigar", e isso eu e Nelson já aprendemos, graças a Deus.

> Quando vocês ficarem irados, não pequem. Apaziguem a sua ira antes que o sol se ponha, e não deem lugar ao diabo. (Efésios 4.26-27)

Ao lermos essa passagem, fica claro que devemos tomar algumas precauções importantes em meio às nossas desavenças, principalmente como casal. Por isso, aqui vão algumas dicas:

DIÁLOGO

Um relacionamento sem conversa não resistirá por muito tempo. Para durar, qualquer tipo de relação precisa de diálogo. Mas é preciso sabedoria: não pressione seu companheiro logo depois de uma discussão, por exemplo. Ninguém consegue conversar de cabeça quente. Não fujam da situação, mas esperem os ânimos baixarem e a mente esfriar para que, então, vocês consigam falar sobre o conflito e, assim, buscar uma solução juntos.

SINCERIDADE

A verdade é um dos pilares do relacionamento. É muito importante aprendermos a ser transparentes, com tranquilidade e amor, e colocar para fora tudo o que está nos incomodando ou nos fazendo sofrer. Por mais que a pessoa nos ame, ela não tem uma bola de cristal para adivinhar o que nos incomoda. Então, não esconda nem minta. Uma boa conversa ajudará o casal a se conhecer e, assim, os atritos diminuirão à medida que se entende o que um gosta e o outro não. O segredo está em não sermos agressivos quando expusermos nossas emoções. Não acuse; ao contrário, diga como se sente. Por exemplo, não fale: "Você me feriu quando me disse essas palavras". Em vez disso, diga: "Eu fiquei ferido quando você disse essas palavras". Acredite nisso: abrir nosso coração sem acusação transformará a forma de resolvermos nossas questões.

RESPEITO

Saber conversar sem agredir é um ponto importantíssimo. Se, em cada atrito, desrespeitarmos um ao outro, enfraqueceremos o relacionamento e os corações se afastarão. Ofensas, xingamentos e gritarias deixam a situação fora de controle, e onde não há respeito, o relacionamento morre. O desrespeito não se resume apenas a isso, mas também à imposição da nossa vontade, ou a ignorar as emoções e opiniões do outro. Relacionamento não é um monólogo! Precisamos aprender a falar, ouvir e levar em consideração que, se desejamos ser um com quem amamos, temos de respeitá-lo também.

REFLEXÃO

Depois da conversa, o que trará mudança e maturidade para o relacionamento é a reflexão. Devemos olhar para dentro de nós e analisar quais são os quesitos de nossa responsabilidade, no que podemos melhorar e amadurecer. Seu discipulador pode ajudar muito nesse processo, porque ele está olhando para a situação de fora. Deus molda nosso caráter enquanto estamos nos relacionando. E isso é bom, pois nesse processo não só a sua união com a outra pessoa crescerá, mas você próprio também. Assim que descobrir quais comportamentos e pensamentos precisam mudar, é só tomar atitudes sobre eles. Além disso, lembre-se de que Deus deseja estar presente em cada etapa dessa história. Portanto, abra seu coração e permita que Ele ministre em você. Mantenha seus ouvidos atentos para obedecer a cada desafio que encontrar. Não se esqueça de que, para um romance dar certo, precisa ser a três: seu pretendente, você e Deus.

BEIJAR NO NAMORO É PECADO?

A resposta para você é: não. Porém existem cuidados necessários nessa questão. Sabemos que esse papo de pode e não pode é inutil para a juventude de hoje, por isso, vamos explicar os perigos biológicos que indicam que, mesmo não sendo pecado, é impossível dizer que o beijo é inofensivo no namoro.

Começamos esse tema pedindo desculpas a você que ainda é "BV" (boca virgem) pelo que lerá daqui em diante. Nós queremos incentivá-lo a continuar assim, esperando a pessoa certa. Mas também precisamos ser sinceros: beijar na boca é bom demais. Claro, porque se fosse ruim, ninguém faria.

O beijo de língua, também conhecido como beijo francês[1], é a escolha principal de vários casais de namorados. Apesar de ser bom, o perigo que nos rodeia é que ele é uma experiência que mexe muito conosco. Já estamos com as emoções lá no alto por conta da paixão, então, quando o beijo acontece, nossos cinco sentidos são aguçados, fazendo nosso coração bater mais forte, aumentando – em média – nossos batimentos de 70 para 150 vezes por minuto, forçando um bombeamento maior no sangue.[2] Isso explica o calor que sentimos, que leva algumas pessoas até a perder o ar.

Só de ler, já ficamos animados, não é mesmo? Isso acontece porque o beijo acorda nossos neurotransmissores que produzem os hormônios estimuladores do desejo sexual. Logo, beijar na boca não está ligado ao carinho, e sim ao sexo. Segundo especialistas:

> [...] Temos quatro neurotransmissores essenciais, que são despertados pelo beijo: a dopamina, que nos faz sentir prazer e bem-estar; a serotonina, fazendo com que sintamos a excitação e otimismo; [...] a epinefrina, que aumenta a frequência cardíaca, o tônus muscular e o suor, por isso sentimos calor e a aceleração do coração; e a oxitocina, que gera afeto e confiança. Mas além disso, outras substâncias são liberadas, como o óxido nítrico, que relaxa os vasos sanguíneos, provocando um aumento no fluxo sanguíneo no

---

[1] Informações retiradas da matéria **A história do beijo na boca**, publicada pela Revista Superinteressante, atualizada pela última vez em setembro de 2017. Disponível em *https://super.abril.com.br/historia/historia-muitos-beijos/*. Acesso em novembro de 2019.

[2] Informações retiradas da matéria **Beijo: a imagem do amor**, publicada pela Revista Superinteressante, atualizada pela última vez em outubro de 2016. Disponível em *https://super.abril.com.br/comportamento/beijo-a-imagem-do-amor/*. Acesso em novembro de 2019.

pênis e, portato, a ereção. Ou a feniletilamina, "uma anfetamina potente e rápida que estimula o sentimento de prazer, por isso o primeiro beijo dos adolescentes costuma ser mais intenso e apaixonado", explica Jesús de la Gándara, chefe de Psiquiatria do Hospital Universitário de Burgos e autor do livro *El Planeta de los Besos* (o planeta dos beijos).[3]

Além disso, o beijo é como um afrodisíaco natural, que faz parte das preliminares do sexo. Pode parecer radical demais o que acabamos de dizer, mas se pensarmos bem, todas as relações sexuais em séries, filmes e também na vida real começam a partir de um intenso beijo na boca. Nenhum casal vai direto aos "finalmentes" sem antes passar por ele. É por isso que muitas pessoas vivem com dificuldade de manter a santidade em seus namoros. Elas não entendem que este é um preparo para o nosso corpo, estimulando-nos a desejar mais contato físico e, assim, vamos nos encaminhando para além dos limites saudáveis antes do casamento.

Dessa forma, é como lemos em 1 Coríntios: "Tudo é permitido, mas nem tudo convém. Tudo é permitido, mas nem tudo edifica" (1 Coríntios 10.23). Nem sempre o que nos traz mais prazer é a melhor escolha. Sabemos que não é fácil abrir mão, mas cremos que vale muito a pena optar somente pelo que nos convém, que nos faz crescer e seguir para o alvo. A questão aqui não é sobre ser pecado ou não, mas se essas atitudes impulsionarão a relação para frente ou a afundarão. No fim, a decisão é sempre nossa, e as consequências também.

---

[3] CASTRO, O. F. **Este é o efeito que um beijo de língua produz no cérebro.** Estilo: Jornal El País, 2015. Disponível em *https://brasil.elpais.com/brasil/2015/10/07/estilo/1444209730_702668.html*. Acesso em novembro de 2019.

CURIOSIDADES SOBRE O BEIJO[4]

- As primeiras referências desse ato remetem a 2.500 a.C.;

- A expressão "beijo francês" (de língua) surgiu por volta de 1920, mas na França o beijo de língua é conhecido como beijo inglês;

- Quando beijamos, resíduos de nossa saliva permanecem por três dias no outro;

- 29 músculos da face trabalham ao beijarmos;

- 26 calorias são gastas a cada 20 segundos de beijo;

- 250 bactérias são trocadas entre o casal através da saliva;

- Cada beijo de língua pode trocar até 9mg de água, 0,7g de albumina, 0,18g de substâncias orgânicas, 0,711mg de gorduras e 0,45mg de sais;

- 66% das pessoas mantêm os olhos fechados enquanto beijam;

- O beijo mais longo da história durou 58 horas;

- No Japão, só é permitido beijar entre quatro paredes;

- Na Venezuela, beijos em lugares públicos podem levar o casal à prisão;

- Na Malásia, existe uma lei proibindo o beijo francês.

---

[4] Informações retiradas da matéria **A história do beijo na boca**, publicada pela Revista Superinteressante, atualizada pela última vez em setembro de 2017. Disponível em *https://super.abril.com.br/historia/historia-muitos-beijos/*. Acesso em novembro de 2019. Além da matéria **As principais curiosidades sobre o beijo**, publicada pelo *site* Você Sabia em julho de 2014. Disponível em *http://www.vocesabia.net/ciencia/as-principais-curiosidades-do-beijo/*. Acesso em novembro de 2019. Consultamos também o livro ENFIELD, Julie. **História íntima do beijo**. São Paulo: Matrix, 2008.

COMO SABER OS LIMITES DO NAMORO?

Apesar de não ter havido namoro nos tempos bíblicos como nos dias de hoje, as Escrituras estão cheias de orientações que esclarecem a vontade de Deus para os nossos relacionamentos:

> A vontade de Deus é que vocês sejam santificados: abstenham-se da imoralidade sexual. Cada um saiba controlar o próprio corpo de maneira santa e honrosa, não com a paixão de desejos desenfreados, como os pagãos que desconhecem a Deus. [...] Porque Deus não nos chamou para a impureza sexual, e sim para a santificação. (1 Tessalonicenses 4.3-7)

Alguns termos usados em certas traduções da Bíblia podem até parecer estranhos, como lascívia e fornicação, por exemplo, mas são práticas recorrentes dentro dos relacionamentos. Essas palavras referem-se à imoralidade sexual. Se ninguém explicou a você o que elas significam, faremos isso agora. A fornicação acontece quando pessoas solteiras têm relações sexuais. Em outras palavras, cair em fornicação é fazer sexo antes do casamento. Já a pessoa casada que pratica o ato sexual com alguém que não é o seu cônjuge está cometendo o pecado do adultério. A lascívia ocorre com o despertar ou estimular do desejo sexual sem poder saciá-lo. Se namorados trocam carícias e ficam excitados, por exemplo, estão caindo nesse pecado.

Entretanto, infelizmente existe um engano entre os jovens de que se não houver a penetração, o casal ainda é virgem, logo, não está em pecado. Muitos praticam, inclusive, o sexo anal para que o hímen seja preservado. Porém, a virgindade e a pureza não estão ligadas à penetração vaginal ou ao rompimento de uma membrana. O sexo sem a penetração existe, e quem tem esse tipo de comportamento já iniciou suas experiências sexuais, portanto, deixou de ser virgem. Além disso, ser puro não é equivalente a ser virgem. Até porque existem pessoas que já iniciaram sua vida sexual, mas, agora, escolheram separar seus corpos em santidade até o casamento e estão vivendo de acordo com os princípios cristãos, e, por isso, estão puros.

    A pureza consiste em deixar a imoralidade sexual de lado, já que a intimidade física é algo reservado para o casamento. Infelizmente, a hipersexualização banalizou o momento de intimidade entre o casal, abrindo a porteira para muitas outras práticas. Tais comportamentos trazem a falsa sensação de liberdade, que, na verdade, entretêm o casal com o prazer momentâneo e os mantêm dispersos deixando passar o que mais importa no relacionamento: conhecer intimamente o caráter e o coração da pessoa que se ama.

    O pecado sexual cega e faz com que, antes mesmo do casamento, muitos casais se deleitem nos prazeres da lascívia e acabem não enxergando que estão se casando mal. Eles não discernem a vontade de Deus e fazem escolhas que comprometerão todo o seu futuro.

    Acontece de alguns casais passarem dos limites e, assim, atropelarem a intimidade sexual reservada ao casamento, que é a experiência física mais profunda entre um homem e uma mulher. Deus criou o sexo para o matrimônio com intuito de os casais vivenciarem um nível mais intenso de sua relação. Mas, se pulamos uma etapa no namoro, invertemos a ordem divina. A conexão emocional precisa vir primeiro que a física, pois é ela que firmará laços sólidos. A amizade e a parceria no casamento nos manterão fortes e unidos nas crises que virão. Sem isso, estaremos enfraquecidos.

    Quando nos entregamos à imoralidade sexual, estamos tirando Deus do centro da nossa relação e colocando nossos desejos no lugar, e não os anseios do Pai. Ele nos orienta a fugir das tentações (cf. 2 Timóteo 2.22), e a não andar próximos a elas. Por isso, dizer que precisamos conhecer os limites para andar na fronteira deles está biblicamente incorreto. Essas barreiras existem para nos proteger, e não para irmos aonde achamos ser possível. Até porque, na verdade, nós não sabemos resistir ao pecado, logo, reconhecer a nossa fraqueza é um sinal de sabedoria.

Diante disso, desejamos que sua escolha no namoro seja manter-se distante deste limite, não ir até ele. Assim, vocês protegerão o romance e a vida emocional um do outro. Procure entrar no casamento íntimos de coração e esperem para desfrutar do presente que é o sexo dentro da relação matrimonial. Se hoje você não está namorando, mas deseja viver um romance segundo a vontade de Deus, decida desde já, em seu coração, que sua futura relação será mantida em santidade. Creia nos princípios da Palavra e entenda que essa é a vontade do Senhor para todos nós.

Se você está namorando e entendeu que vive uma relação lasciva, está na hora de mudar suas escolhas e se livrar das algemas que te prendem.

> Digo-lhes a verdade: Todo aquele que vive pecando é escravo do pecado. O escravo não tem lugar permanente na família, mas o filho pertence a ela para sempre. Portanto, se o Filho os libertar, vocês de fato serão livres. (João 8.34-36)

Escolha não ser mais escravo do pecado, mas livre em Jesus. Faça d'Ele o centro do seu relacionamento. Caso não saiba como fazer exatamente, não se preocupe. Continue firme, nas próximas páginas, nós ajudaremos você a descobrir como agir a partir desse momento.

PASSAMOS DOS LIMITES, O QUE FAZER?

É comum ficar perdido e não saber por onde começar quando se está nessa situação. O mais importante é reconhecer que seguir nesse caminho é errado e, então, decidir retornar ao ponto em que você caiu. Um coração disposto a abrir mão das suas vontades para priorizar a do Pai facilitará em muito todo o processo.

> Fujam da imoralidade sexual. Todos os outros pecados que alguém comete, fora do corpo os comete; mas quem peca sexualmente, peca contra o seu próprio corpo. Acaso não sabem que o corpo de vocês é santuário do Espírito Santo que habita em vocês, que lhes foi dado por Deus, e que vocês não são de si mesmos? Vocês foram comprados por alto preço. Portanto, glorifiquem a Deus com o corpo de vocês. (1 Coríntios 6.18-20)

Deus nos desafia a glorificá-lO com o nosso corpo e, para isso, será importante mudar nossos comportamentos, pensamentos e até algumas decisões. Isso começa a ficar mais fácil quando entendemos o que podemos fazer para corresponder a Deus. Para isso, você precisará dar alguns passos práticos:

CONVERSEM

É necessário ser honesto e dizer ao outro o que pensa, e também ouvi-lo(a) a respeito disso. Pode ser que não compartilhem da mesma opinião, mas você não deve temer o fim da relação. Porém, caso isso realmente aconteça, se alguém não consegue controlar seus impulsos e desejos, então, essa pessoa não está preparada para um relacionamento sério nem para o matrimônio. Afinal, não existe uma maneira de garantir que depois de se casarem ela será capaz de controlar seus desejos diante de outras tentações.

Se uma pessoa não conseguiu respeitar os limites no namoro, certamente não respeitará no casamento. Ela não dará ao parceiro a garantia de viver no princípio da fidelidade, pois se não foi fiel a Deus durante o tempo de preparo, muito provavelmente não será ao cônjuge quando as oportunidades surgirem. Portanto, creia que a melhor escolha é deixar essa pessoa ir. Pode doer, porém pior seria casar-se com alguém que não tem domínio próprio e, assim, acabar vivendo uma rotina conjugal imersa em traições.

ARREPENDAM-SE

Arrependimento não consiste em meramente chorarmos ou reconhecermos nossos erros. Esse até pode ser o primeiro passo, porém não voltar a praticá-los é a prova real de um arrependimento genuíno. Logo, se somente orarmos, chorarmos, pedirmos perdão, e não agirmos, não adiantará nada. Se nosso coração se entristeceu, mas não mudou, nada aconteceu. Um coração arrependido gera escolhas diferentes, fazendo com que mudemos nosso comportamento. Isso é o que produz mudança, já o remorso só produz tristeza.

CONFESSEM

A confissão é um dos frutos do arrependimento. Algumas pessoas são resistentes por terem dificuldade e medo de expor suas lutas, mas esse é um princípio bíblico (1 João 1.9). Outros casais acham que, confessando entre si, tudo estará resolvido: "Por que temos de envolver outros se o problema está entre nós?". Acontece que isso não é confissão, mas os torna cúmplices um do outro. Confessar é assumir o erro para alguém que não participou da situação. É trazer à luz o que estava escondido nas trevas, fazendo com que 1 João 1.7 torne-se realidade no relacionamento. É ilusão o casal achar que vencerá sem ajuda. Busquem acompanhamento de pessoas maduras na fé e de confiança, como já orientamos em outros capítulos.

MUDEM

É aqui que muitos casais costumam falhar, já que não estabelecem um novo comportamento ou limitações para o relacionamento e, por isso, acabam voltando às antigas práticas. Corremos o risco de repetir os mesmos erros quando baixamos a guarda, o que pode acontecer, já que, de certa forma, todos os pontos anteriores foram seguidos. O equívoco está em achar que não existe mais nada para fazer ou mudar. Algumas dicas práticas poderão ser úteis nesta nova fase:

- Não fiquem sozinhos: procurem lugares públicos para passeio, assim vocês terão privacidade para conversar, mas não para intimidade física.

- Não caiam no engano de achar que darão conta de segurar a onda. Pensamentos como "somos maduros" e "sabemos a hora de parar" são uma grande cilada. Entendam e aceitem que é melhor não testarem os limites da carne.

- Priorizem a conversa e evitem contato físico: aproveitem o tempo juntos para conhecerem um ao outro o máximo possível.

- Fujam de toda e qualquer situação que provoque seus desejos sexuais ou que excite o outro.

- Planejem seus encontros antecipadamente para que situações que levem à tentação sejam evitadas.

O diálogo, o arrependimento genuíno, a confissão e a mudança transformarão os relacionamentos e os levarão para outro nível. Aceitem esse desafio e permaneçam firmes para servirem de testemunho a outros casais, mostrando que é possível vencer a imoralidade e viver um relacionamento saudável. O Pai é o maior interessado na sua santificação. Então, faça d'Ele o seu refúgio, seu lugar secreto para vencer cada dificuldade pelo caminho.

DEVEMOS CONVERSAR SOBRE O PASSADO?

Esse é um assunto que preocupa muita gente. Antes de tudo, acreditamos que a confiança deve vir em primeiro lugar no relacionamento. Por isso, orientamos que haja investimento na amizade antes do namoro. Assim, é possível conhecer a pessoa um pouco antes de se comprometer e saber com quem está lidando. Os que entram direto no relacionamento não têm confiança em se abrir, pois não conhecem o outro a fundo, e acabam caindo no erro de contar mentiras para esconder algo. Ou, ainda, alguns têm medo de expor sua vida para o outro e se decepcionar, porque o namoro pode não dar certo e a pessoa acabará sabendo de coisas importantes e privadas. E é exatamente por essa razão que dizemos para você se comprometer apenas com quem confia.

O objetivo do namoro cristão é o casamento, e ele precisa de uma base sólida para crescer. Um dos alicerces dessa base é a verdade. Não existe possibilidade de esconder nosso passado de alguém que compartilhará uma vida inteira conosco. A verdade precisa estar em primeiro lugar, porque, cedo ou tarde, ela virá à tona e poderá arruinar a confiança construída.

Além disso, honestidade é um princípio do Pai: "Portanto, quem ouve estas minhas palavras e as pratica é como um homem prudente que construiu a sua casa sobre a rocha" (Mateus 7.24). Não devemos construir nosso relacionamento na areia, pois quando a tempestade vier, levará tudo consigo. Por mais difícil que possa parecer, não se amedronte. Dentro do casamento, somos desafiados a perdoar constantemente, então essa já será uma grande prova de maturidade. Se a pessoa que você ama não for capaz de aceitar e perdoar o seu passado, então ela não será digna de estar ao seu lado no futuro. Todos carregam uma história. Quem se comprometer a amar você de verdade não permitirá que acontecimentos passados os separe.

Dentro disso, é importante dizer que um casal maduro saberá lidar bem com três áreas desafiadoras se forem honestos: a financeira, os relacionamentos passados e o histórico sexual. Quando há dívidas e uma má administração do dinheiro, é normal existir dificuldade em se abrir para o outro. Porém, esse é um assunto fundamental. Por isso, encorajamos aos futuros casais que conversem sobre o assunto por ser uma das áreas que mais causam conflitos no casamento, levando alguns até ao divórcio.

Da mesma maneira, discutir sobre relacionamentos passados pode incomodar, principalmente se for alguém que ainda participa do convívio do casal, como um primo, amigo de algum irmão, entre outros. Essas situações podem trazer desconforto para o seu pretendente, mas é importante manter em mente que a verdade sempre precisa estar em primeiro lugar. Com isso, você evitará surpresas desagradáveis.

Se essa já é uma situação difícil, imagine só compartilhar o histórico sexual. Isso faz a maioria das pessoas perder o sono! Um romance escondido, o fato de não serem mais virgens, uma grande quantidade de parceiros, um envolvimento homossexual ou até casos de abuso e violência sexual são fantasmas que trazem dor e vergonha, causando também o medo de perder o seu amado(a). Se for algo muito complexo, peça ajuda para as pessoas que têm acompanhado seu relacionamento. Amadureça essa questão em oração e traga a verdade conforme o Espírito Santo for orientando.

Em alguns casos, é fácil vencer essa etapa, mas para os que têm mais dificuldade, queremos deixar alguns conselhos. Primeiramente, compartilhar o passado não pode virar uma sessão de tortura, com riquezas de detalhes e perguntas do tipo: "Quantas vezes isso aconteceu?", "O que fizeram?" e "Você gostou?". Tais indagações não são nada necessárias. Isso é como revirar o lixo e, certamente, não trará nenhum benefício, nada que fortaleça o casal. O objetivo é compartilhar a verdade, e não fazer com que as coisas se tornem mais pesadas.

Em segundo lugar, uma vez que decidimos perdoar, usar essas informações mais tarde para acusar ou cobrar o outro é um ato extremamente desleal. Ressuscitar o passado para jogar na cara do seu cônjuge ou namorado(a) ferirá, trará destruição, mágoas e marcas profundas em seu coração. Então, o passado deve ser lançado no mar do esquecimento. Não faça o papel do Diabo, que é acusador, pelo contrário, viva de acordo com a verdade de Lucas 6:

> Sejam misericordiosos, assim como o Pai de vocês é misericordioso. Não julguem, e vocês não serão julgados. Não condenem, e não serão condenados. Perdoem, e serão perdoados. Deem, e lhes será dado: uma boa medida, calcada, sacudida e transbordante será dada a vocês. Pois à medida que usarem, também será usada para medir vocês. (Lucas 6.36-38)

A vida a dois é um grande desafio, mas quando estamos dispostos a permanecer um ao lado do outro, nem mesmo o passado pode impedir que o relacionamento dê certo. Somos resultado do que vivemos, porém, muito mais que isso, somos filhos amados, transformados e aceitos pelo Pai, que é cheio da graça que se renova a cada dia. O pecado está morto e enterrado desde o momento em que nos arrependemos e confessamos. Por isso, não devemos temer, e sim ter coragem de sempre escolher a verdade, tornando-nos cada vez mais fortes e unidos nesta jornada de sermos um.

CAPÍTULO 8

SE SEXO É DE DEUS, É POSSÍVEL GARANTIR QUE VAI SER BOM?

NELSON JUNIOR

Às vezes, fica difícil entender por que precisamos nos abster de sexo até o casamento. Parece ilógico que duas pessoas que se amam e vão se casar precisem esperar por uma cerimônia ou um papel ser assinado para estarem liberados a envolver-se sexualmente. Mas isso tudo só é considerado tão confuso porque, na verdade, não entendemos o significado desse laço aos olhos de Deus.

Sim, nenhum papel ou cerimônia religiosa será responsável por consumar o casamento, porém tanto um quanto o outro são muito importantes. No Brasil, a união só será legalizada quando for feita no cartório. E o líder religioso poderá celebrar o casamento apenas se os noivos oficializarem a união antes ou se a cerimônia religiosa tiver efeito civil – isso acontece quando ambas as formas, civil e religiosa, ocorrem ao mesmo tempo. Assim, quando assinamos os papéis no cartório, assumimos o compromisso em sua forma legal, esse vínculo é reconhecido e regulamentado pelo Estado. A partir disso, direitos e deveres são concedidos ao casal.

Para os cristãos, a cerimônia religiosa não pode ser ignorada. Se amamos ou consideramos alguém importante, o comum é que nosso desejo seja que ele ou ela participe de todos os acontecimentos marcantes de nossas vidas. É uma forma de honra, e não seria diferente com uma das decisões mais significativas. Por mais simples que seja, não abra mão de apresentar sua união ao Senhor. Com isso, não estamos falando que precisa ser em uma igreja, ter festa e ornamentação. Pode até ser feita em casa, com sua família e o pastor que acompanha a vida de vocês. Mas é importante que aconteça, pois estarão diante do Deus a quem servem, pedindo a Sua bênção sobre o casamento e firmando um compromisso público perante Ele, seus amigos e parentes. Essa cerimônia também é uma forma de agradecer e consagrar seu relacionamento.

O Senhor nos ensina, em Gênesis 2.24, sobre a definição dessa união: "Por essa razão, o homem **deixará pai e mãe** e **se unirá à sua mulher**, e eles **se tornarão uma só carne**" (grifo do autor). Sendo assim, quando Deus diz "deixará pai e mãe", significa nos emancipar da nossa família de origem para formar um novo núcleo familiar. Agora, o "se unirá à sua mulher" é para que, a partir daí, vocês construam algo juntos. É a soma de seus planos, bens e vidas. Já o "se tornarão uma só carne" é a referência ao ato sexual, quando unimos o corpo por meio dessa aliança, selando o pacto com o sexo. O Diabo sabe que isto é forte e profundo, pois está destruindo a felicidade e o futuro de muitos, levando-os a ter relações sexuais sem os passos anteriores que todo casamento requer: deixar a casa de seus pais e assumir o compromisso com o cônjuge.

Sexo é para quem tem maturidade de se comprometer; não foi criado somente para diversão e prazer, mas foi reservado por Deus para o matrimônio porque carrega significado e consequências específicos. Além de ser uma aliança, ele transforma duas pessoas em uma só. Paulo escreveu: "Vocês não sabem que aquele que se une a uma prostituta é um corpo com ela? Pois, como está escrito: 'Os dois serão uma só carne'" (1 Coríntios 6.16). Aqui o apóstolo explica claramente que o sexo nos torna um com o companheiro.

Ele usa como referência o versículo de Gênesis 2.24, assim, podemos entender que "se tornarão uma só carne" é, sim, o ato sexual, e também o que consuma o casamento.

É certo que Deus criou o sexo para estabelecer uma aliança entre duas pessoas. Agora, quando escolhemos ter relações sexuais sem nos casarmos, a Bíblia não classifica apenas como "sexo antes do casamento", e sim como prostituição, fornicação (ou imoralidade sexual) e adultério, dependendo da versão. Muitos textos nas Escrituras fazem menção a alguns desses pecados sexuais, como Mateus 5.32; 1 Coríntios 5.1; 6.18 e 7.2; Gálatas 5.19; Efésios 5.3; Colossenses 3.5; 1 Tessalonicenses 4.3; e em Apocalipse 2.21 e 9.21.

Portanto, fazer essa aliança da forma correta é tão importante pois tudo o que Deus criou revela Seu compromisso e amor. Deus não compactua com a irresponsabilidade e o descompromisso. E foi neste mesmo princípio que Ele criou o sexo: um presente que traz prazer para aqueles que desejam se aliançar de forma profunda, com seu corpo e alma. Esse é um dos motivos para a relação sexual estar reservada ao matrimônio. Não podemos mentir, o sexo é prazeroso, e por essa razão muitos não estão dispostos a esperar até o casamento para desfrutarem. Ainda assim, o Pai constantemente nos desafia a viver de forma comprometida com seus princípios.

O QUE FAZER SE NÃO ME GUARDEI?

Se você já iniciou sua vida sexual, deve estar se perguntando o que precisa para mudar essa prática. A resposta é que, da mesma forma que a Palavra de Deus denuncia o pecado e suas consequências, ela anuncia a redenção. Jesus veio para nos libertar e regenerar, trazendo-nos nova vida. Por isso, existe esperança para todos que se arrependem.

Então, se o seu caso for o de quem conheceu Jesus tardiamente, e antes disso teve uma vida promíscua, entenda que, quando recebemos Cristo como Senhor e Salvador das nossas vidas, todos os nossos pecados são perdoados. Assim, porque os vínculos foram desfeitos, somos feitos novas criaturas. A partir daí, uma nova história com o Senhor será escrita, pois os erros do nosso passado foram apagados.

Porém, existe um outro caso, o dos que mantêm ou já mantiveram relações sexuais fora do casamento depois de já terem se convertido. E o caminho de volta é a prática de Provérbios 28.13: "Quem esconde os seus pecados não prospera, mas quem os confessa e os abandona encontra misericórdia".

Entenda, qualquer que seja a situação em que você se encontre, ao ler este livro, saiba que está mais do que na hora de parar de esconder seus erros. Os pecados ocultos não nos permitem prosperar, e não importa se eles são recentes ou se aconteceram anos atrás em um relacionamento. O tempo não trata o pecado, o que o trata está na segunda parte do versículo: confessar e abandonar a prática para receber misericórdia. Procure seus pais, líderes ou discipuladores e exponha sua dificuldade. Já falamos sobre como é importante confessar, tratar o pecado e submeter nossas vidas a outros em capítulos anteriores. A misericórdia do Senhor precede o Seu juízo e nos alcança quando praticamos o arrependimento. Por isso, escolha viver o que Deus tem para você.

SEM *TEST DRIVE*: COMO SABER SE A PESSOA É BOA DE CAMA?

A sociedade nos ensina que precisamos ir para cama com nossos parceiros para saber se realmente vai ser bom. Porém, quando acreditamos nessa mentira, ela nos provoca medo e insegurança de que, sem experimentar, podemos estar comprando "gato por lebre". Acontece que esse é um grande engano. Não existem pessoas ruins de cama, e sim as que são mal orientadas ou possuem algum problema, trauma, distúrbio ou enfermidade.

Quando pensamos em "experimentar" para ver se é bom, equiparamos a pessoa que amamos a um objeto, como uma roupa ou sapato, que podemos provar e devolver se não gostarmos. Mas assim como o namoro é o tempo do aprofundamento da amizade, o casamento é o tempo de aperfeiçoar a intimidade física. Já que a confiança foi estabelecida, podemos desfrutar do sexo, entregando-nos um ao outro, conhecendo e nos fazendo conhecer. Podemos dizer que, quanto mais praticamos, melhor fica. E a liberdade de expressar o que se gosta ou não, nesse momento, é o que fará vocês arrasarem na cama.

Dessa forma, perceba que conhecer um ao outro é importante para, assim, ter liberdade de falar certas coisas que não eram ditas para mais ninguém. Entenda que até nesse momento estamos servindo, pois o objetivo não é sentir, mas dar prazer àquele a quem amamos. A grande questão sobre o assunto, que desencadeia a maioria dos problemas, muitas vezes, já começa aí. Os homens impacientes ou egoístas, por exemplo, chegam ao clímax e deixam a esposa para trás. Isso traz frustração, fazendo com que ela perca o interesse e veja o sexo como um fardo. Por outro lado, as mulheres precisam expressar o que sentem, assim, a experiência será completa para os dois.

Dentro disso, um erro comum de uma mente que não foi renovada pelos padrões de Deus é acreditar que ser bom de cama é o mesmo que ser promíscuo. Mas, um comportamento imoral e distorcido não significa que a pessoa pode proporcionar um sexo prazeroso. E é por falta dessa compreensão, de que uma coisa não é consequência da outra, que alguns acusam o cônjuge de ser ruim de cama, esperando dele um comportamento que foi aprendido anteriormente, mas que está fora dos padrões cristãos.

Exemplo disso é que muitas pessoas caem no engano de achar que os filmes pornográficos expressam a realidade do sexo, enchendo suas mentes de fantasias imundas. Há ainda aqueles que se baseiam em experiências passadas como sendo um modelo a se seguir. Mas essa não é a realidade, muito menos o padrão divino. Por isso, precisamos aprender o que Deus pensa a respeito do sexo e não viver o que o mundo nos impõe.

É justamente por isso que, nesse assunto, carecemos muito de orientação de casais mais experientes, cursos de noivos, discipulado, entre outros. Então, para ajudar você, queremos deixar dois livros cristãos como recomendação para estudo. O primeiro é *O ato conjugal*, de Tim e Beverly LaHaye[1], e o outro se chama *O que não me contaram sobre o casamento mas que você precisa saber*, do Dr. Gary Chapman[2]. É preciso estarmos abertos para aprender o que não sabemos sobre o tema, e isso não é nada vergonhoso. Além disso, é quando somos instruídos sobre o assunto ou em cursos de noivos que descobrimos alguns problemas, como traumas, disfunções ou enfermidades. Se for o caso, é importante procurar acompanhamento profissional para tratar adequadamente cada situação.

É uma mentira acreditar que precisamos abrir nossa intimidade e corpo com várias pessoas para aprendermos. Sexo bom mesmo é aquele que é feito com amor, dentro do casamento. É uma experiência fantástica descobrir isso juntos. A boa *performance* chegará com a prática, cumplicidade, comunicação e dedicação do casal.

> Venerado seja entre todos o matrimônio e o leito sem mácula; porém, aos que se dão à prostituição, e aos adúlteros, Deus os julgará. (Hebreus 13.4 – ARC)

---

[1] LAHAYE, Tim; LAHAYE, Beverly. **O ato conjugal**. Curitiba: Betânia, 2019.
[2] CHAPMAN, Dr. Gary. **O que não me contaram sobre o casamento mas que você precisa saber**. São Paulo: Mundo Cristão, 2011.

COMO LIDAR COM OS IMPULSOS SEXUAIS?

Alguns acreditam que ser livre é dar vazão aos seus desejos, que não se deve reprimi-los e que é errado fazer isso. Porém, pensar de acordo com essa linha faz com que vivamos em libertinagem, não em liberdade. Esta última, na verdade, significa conhecer todas as suas opções e estar desimpedido para fazer a melhor escolha, analisando suas consequências. Logo, ao contrário do que diz o senso comum, se dermos atenção a todos os impulsos, seremos regidos por eles e, assim, deixaremos de ser livres.

Isso, porque a tentação é um convite sempre muito atrativo para aliviar nossos desejos de forma imediata, mas ela não mede as consequências dos atos. O desejo sexual não é pecado, ele é saudável quando vivenciado no tempo correto. Porém, se não conseguimos controlá-lo, certamente teremos problemas. Saber vencer os impulsos na vida de solteiro é fundamental para manejá-los bem dentro do casamento. Quem acredita que desaparecerão depois do "sim" se engana, e é por isso que precisamos aprender a lidar com eles.

Sendo assim, mesmo que o desejo nos leve a pensar que não temos escolha, que a saída é satisfazer a vontade para que ela passe, esse não é o caminho. Na verdade, essa é uma armadilha, pois quanto mais alimentamos a carne, mais forte e faminta ela fica. Por isso, para alguns, controlar os impulsos parece impossível. Aos olhos dessas pessoas, as tentações aparentam ser invencíveis, porque estão escondidas há tanto tempo dentro da pessoa que se transformaram em uma fortaleza difícil de invadir (2 Coríntios 10.4). Porém, não há campo neutro. Não é possível deixar os impulsos livres sem que sejamos aprisionados por eles. A verdade é que ou você controla seus impulsos ou eles controlarão você. O desejo desenfreado nos levará ao pecado e, para vencê-lo, precisaremos do arrependimento, da purificação de nossas mentes e mudança de atitudes. Veja o que a Bíblia diz sobre isso:

> Porque, tendo em vista o que ele mesmo sofreu quando tentado, ele é capaz de socorrer aqueles que também estão sendo tentados. (Hebreus 2.18)

A mente é sempre atacada com pensamentos que podem nos levar a perder o controle. Frases como "É só uma vez", "Eu sei até onde posso ir" e "Será a última vez" são populares nesse processo. Mas não se deixe enganar, não podemos brincar com o pecado, pelo contrário, precisamos nos afastar dele.

E como essa é uma jornada que trilhamos para aprendermos a lidar com os nossos desejos, precisamos entender primeiro que não podemos fazer isso sozinhos. Por isso, separamos algumas verdades que o ajudarão ao longo dessa caminhada, caso você escolha fixar-se nelas com o objetivo real de mudança:

Reconheça que você depende de Deus: Essa sobriedade em relação aos seus desejos não pode ser conquistada por você mesmo. É preciso estar em parceria, dependendo completamente da obra libertadora do Espírito Santo. É Ele quem nos orienta e fortalece, ao longo do nosso desenvolvimento, para uma vida de comunhão diária, de leitura da Palavra e jejum. Quando nos achamos suficientes, baixamos a guarda e acabamos abrindo brechas. Por isso, em nosso coração, a dependência precisa ser permanente.

Mantenha a postura: Quando entendemos que somos fracos e passíveis de erro, nos posicionamos para não estarmos vulneráveis o tempo todo. Se abrirmos uma brecha, o pecado entra. Portanto, os nossos comportamentos, atitudes e pensamentos precisam fechar essas aberturas para não dar oportunidade para o descontrole.

Você não é refém das tentações: Não é porque sofremos tentações que somos obrigados a ceder e satisfazê-las, e depois ter de arcar com as consequências. Todos somos capazes de dizer "não", de manter distância do que nos faz mal e nos afasta de Deus. A escolha sempre é nossa. Pare de dar desculpas jogando a culpa na carne, que é fraca. Na verdade, foi você que escolheu não ser forte. Controle seus desejos e você terá as rédeas de seu destino nas mãos.

Sendo assim, controlar os impulsos e vencer as tentações não é uma brincadeira, mas uma guerra entre a carne e o espírito: "Pois a carne deseja o que é contrário ao Espírito; e o Espírito, o que é contrário à carne. Eles estão em conflito um com o outro, de modo que vocês não fazem o que desejam" (Gálatas 5.17). Nesta batalha, frequentemente, precisaremos escolher de qual lado estaremos. Costumamos dizer que é como dois lobos brigando por um banquete que está em nossas mãos. Quem for mais alimentado por nós ganhará a briga.

Portanto, decida alimentar seu espírito para que ele se fortaleça. Ande com o Pai, relacione-se com Ele, e deixe sua carne faminta. Assim, ela estará tão fraca que não será capaz de controlar você, sendo subjugada pelo seu espírito.

TENHO DESEJOS HOMOSSEXUAIS, O QUE FAZER?

Nosso objetivo não é discutir nem convencer você se isso é ou não pecado. Para os que escolhem viver com Deus e creem nas Escrituras, essa já é uma questão resolvida. Queremos, ao responder essa pergunta, trazer conforto e esclarecimento para os que entendem que esse não é o propósito do Criador, e não sabem como lidar com seus desejos homossexuais. Além disso, também serve como uma orientação para aqueles que acompanham de perto pessoas que vivem essa realidade, mas não conseguem ajudá-las por falta de conhecimento.

São muitos os que, calados dentro das igrejas, amam ao Senhor, entendem, aceitam e desejam viver os princípios do Reino, mas não sabem como lidar com seus desejos por pessoas do mesmo sexo. Eles vivem uma batalha solitária. Não sabem onde procurar ajuda para vencer seus conflitos. Contudo, como qualquer outro pecado, para que a mudança aconteça, é preciso uma renovação da mente. Assim, ela estará em acordo com as Escrituras, que dizem que não existe um terceiro sexo: "Criou Deus o homem à sua imagem, à imagem de Deus o criou; homem e mulher os criou" (Gênesis 1.27).

Recentemente, foi publicado na revista Science o maior estudo sobre a influência genética e a prática homossexual:

> Os pesquisadores das universidades de Harvard e Massachusetts Institute of Technology (MIT) examinaram a composição genética de 409 mil pessoas inscritas no projeto Biobank do Reino Unido e 68,5 mil registradas na empresa de testes genéticos 23andMe. Os participantes responderam se tinham exclusivamente relações com parceiros do mesmo sexo ou se também com pessoas do sexo oposto. [...] Ben Neale, professor de genética no Hospital Geral de Massachusetts, que trabalhou no estudo, diz: "[...] Não existe um único gene gay. Um teste genético para prever se a pessoa vai querer ter um relacionamento homossexual não vai funcionar. É impossível prever o comportamento sexual de um indivíduo a partir de seu genoma", afirmou. [...] David Curtis, professor honorário do Instituto de Genética da University College London (UCL), disse: "Este estudo mostra claramente que não existe um 'gene gay'. Não há variação genética na população que tenha algum efeito substancial na orientação sexual".[3]

Quase meio milhão de pessoas participaram da pesquisa que concluiu a inexistência dessa correlação, confirmando que não há um gene gay. No entanto, existe um grande esforço para desconstruir essa verdade. O que se prega na atualidade, inclusive dentro das

---

[3] BBC. **As revelações do estudo que descartou o "gene gay"**. Portal do Brasil, 2019. Disponível em *https://www.bbc.com/portuguese/geral-49523102*. Acesso em novembro de 2019.

universidades, é que nossas identidades não são naturalmente dadas, e sim resultado de construções culturais. Mas o fato é que, biologicamente, não nascemos homossexuais, ninguém até hoje conseguiu provar o contrário. Uma pessoa nasce homem ou mulher. Porém, suas inclinações podem ser resultado de uma construção social.

Sendo assim, vamos pensar juntos: se nossas práticas sexuais são construídas ao longo da vida, então será possível também que elas sejam desconstruídas e reconstruídas com outras referências. Exatamente como vemos em 1 Coríntios 6.9-13:

> Vocês não sabem que os perversos não herdarão o Reino de Deus? Não se deixem enganar: nem imorais, nem idólatras, nem adúlteros, nem homossexuais passivos ou ativos, nem ladrões, nem avarentos, nem alcoólatras, nem caluniadores, nem trapaceiros herdarão o Reino de Deus. Assim foram alguns de vocês. Mas vocês foram lavados, foram santificados, foram justificados no nome do Senhor Jesus Cristo e no Espírito de nosso Deus. Tudo me é permitido, mas nem tudo convém. Tudo me é permitido, mas eu não deixarei que nada domine. Os alimentos foram feitos para o estômago e o estômago para os alimentos, mas Deus destruirá ambos. O corpo, porém, não é para a imoralidade, mas para o Senhor, e o Senhor para o corpo.

Nesse trecho, o apóstolo Paulo nos explica que nossas práticas podem ser reconstruídas segundo o que o Senhor sonhou para nós. Precisamos entender que nem elas nem nossos desejos revelam nossa identidade. Até porque, não somos nossos impulsos e vontades, muito menos nossas experiências passadas, mas fomos lavados, santificados e justificados conforme imagem e semelhança de Deus na Terra. Jesus sabe quem nós somos. Não importa se você tem inclinações homossexuais, se é transexual, cissexual, entre outros. Sua identidade no Criador sempre foi e continuará sendo a mesma.

Nós apenas precisamos nos conhecer através da lente de Cristo. O pecado pode nos desorientar, fazendo com que não nos pareçamos com o que o Pai nos criou para ser. Porém, o Diabo nunca será capaz de destruir a identidade que vem de Deus. Assim, ao entender quem realmente somos, será possível romper com o pecado.

Uma vez que entendemos a vontade de Deus para nós, algumas coisas deverão ser feitas. Mas não se iluda, pois não existe fórmula mágica. Assim como tornar-se homossexual é um processo construído ao longo de uma vida, vencer as tentações nessa área também levará tempo. Dificilmente uma transformação acontecerá da noite para o dia. Não se engane achando que ser salvo garante mudança imediata. Muito menos se envolva com uma pessoa do sexo oposto, crendo que isso resolverá a situação. O que transforma nossas vidas em qualquer área é estarmos continuamente na presença do Pai. Esse processo pode ser dolorido, longo e exigir disciplina, mas precisamos estar dispostos a tratar todas as questões que envolvem esse comportamento hoje, e identificar em nosso passado o que contribuiu para a formação destes desejos.

Não se isole. Procure ajuda de pessoas qualificadas, que se prepararam para lidar com o assunto. Um bom exemplo é a Equipe Exodus Brasil[4], que é uma organização cristã interdenominacional, voltada para o auxílio a cristãos envolvidos com a homossexualidade. Busque também assistência psicológica, de preferência com um profissional cristão. Esse acompanhamento poderá ajudá-lo em momentos de grandes conflitos. Como falamos, não é possível vencer um pecado sozinho, então não desista quando encontrar dificuldades na busca por ajuda. Seja persistente até conseguir orientação pastoral e terapêutica.

Por fim, vale ressaltar que é preciso estar atento aos seus relacionamentos com pessoas do mesmo sexo, para não ser exposto a tentações que podem facilmente levá-lo à intimidade física ou

---

[4] Para mais informações e contato, acesse o *site www.exodus.org.br*.

emocional. Aprenda a santificar seus olhos e ouvidos, evitando *sites*, livros, vídeos, filmes e qualquer outra coisa que estimule esses desejos. Foque em desenvolver e fortalecer seu espírito, o que não significa apenas ir à igreja e se envolver com as atividades da sua comunidade de fé. Ninguém vence a carne somente com a boa intenção no coração de não pecar. Sem uma vida de comunhão íntima com Deus, a batalha estará perdida. Uma rotina de oração, meditação diária na Palavra e jejum frequente é a receita básica para vencer nossas fraquezas.

Precisamos experimentar a renovação constante da nossa mente em Cristo (cf. Romanos 12.1-2) e desenvolver comunhão com o Espírito Santo para que, então, esse estilo de vida produza os resultados que precisamos para não cair mais em tentação (cf. Gálatas 5.16-25). Não adianta choramingar os erros cometidos. É hora de enfrentá-los, independentemente de quais sejam. Agora que você já sabe, nós reforçamos: pecar é uma escolha, viver em santidade também. Nós somos como barro maleável e precisamos escolher qual oleiro nos moldará, os comportamentos passados, a cultura atual ou Jesus.

CAPÍTULO 9
E NA HORA DE TIRAR A ROUPA, POSSO FAZER O QUE QUISER?

ANGELA CRISTINA

Há muito tempo, o Diabo vem deturpando a criação de Deus com o objetivo de roubar do ser humano o que o Senhor reservou para que usufruíssemos, principalmente quando falamos sobre sexo. Por isso, muitas pessoas acabam enxergando a relação sexual como algo sujo e considerando aqueles que têm prazer como pecadores, sem Deus e nada espirituais. Mas ao contrário do que pensam, o sexo não é nem um pouco imundo ou leviano. Também não é fruto do pecado nem do Inimigo, mas é uma criação divina. O sexo é bom, é espiritual e é a expressão mais íntima de amor entre o homem e a mulher.

Porém, com a entrada do pecado, o que o Pai criou acabou sendo distorcido, abrindo portas para os mais imprudentes comportamentos nessa área. Assim, o compromisso e a segurança do casamento foram abandonados para que a satisfação dos desejos instintivos e mal controlados assumisse lugar.

Com a busca do prazer desenfreado – camuflada de "liberdade" – más consequências começaram a surgir. Entre elas estão as doenças sexualmente transmissíveis, como a AIDS, que é capaz de matar seu portador; além de vírus, como HPV e herpes, que marcam e estigmatizam pessoas. Outro resultado desastroso da libertinagem são os casos de infidelidade conjugal, que destroem as famílias. E, por fim, o auge da distorção da prática sexual: crimes, como estupro e pedofilia, que violentam, em sua maioria, mulheres e crianças. A lista é longa e cresce a cada dia com novos e absurdos hábitos, como manter relações sexuais com carros ou a tal ecossexualidade[1], que propaga que a Terra é uma amante. Por isso, transam com árvores, cachoeiras, casam-se com a lua, e por aí vai.

Por mais esquisito que possa parecer, o sexo tem suas nuances paradisíacas e desperta curiosidade nas pessoas. Porém, quando praticado fora do casamento, ele é destrutivo. Por outro lado, se vivido dentro da vontade de Deus, é maravilhoso, traz unidade, intimidade e gera prazer. Pense comigo: se o propósito de dar e receber prazer não fosse uma vontade divina, Ele retiraria esse aspecto do ato sexual, e simplesmente cumpriríamos a função de procriar. Mas não, o Criador pensou em tudo isso. Temos registros de relações sexuais em muitas partes da Bíblia, sendo Cântico dos Cânticos o melhor exemplo disso. Toda a poesia desse livro serve para descrever a beleza da sexualidade na relação entre um casal, com espaço para aprimorar os sentidos, para as carícias, beijos e tudo mais:

> Ah, se ele me beijasse, se a sua boca me cobrisse de beijos... Sim, as suas carícias são mais agradáveis que o vinho [...] O meu amado é para mim como uma pequenina bolsa de mirra que passa a noite entre os meus seios. (Cântico dos Cânticos 1.2, 13)

---

[1] MCARTHUR, N. **Os ecossexuais acreditam que fazer sexo com a Terra pode salvá-la**. Portal Vice, 2016. Disponível em *https://www.vice.com/pt/article/53p9bb/ecosexuais-acreditam-que-fazer-sexo-com-a-terra-pode-salvar*. Acesso em novembro de 2019.

Esses e outros textos não falam sobre o ato sexual em si, mas sobre a beleza do relacionamento entre o homem e a mulher. Nas Escrituras Sagradas, não encontraremos nada relativo à forma como devem ser as nossas relações conjugais, informando-nos se temos de fazer em pé, deitados, por cima, do lado ou embaixo, por exemplo. O mais importante que vemos entre o casal é o amor, que gera o respeito, a fidelidade e a confiança. Se não há violência, os dois estão de acordo e não existe nenhum versículo que condene tal prática, então o resto é a criatividade dos cônjuges entre as quatro paredes. Com o matrimônio sendo respeitado, vocês podem usar os cinco sentidos para dar prazer um ao outro, aguçando o olfato, a visão, o tato, o paladar e a audição.

No entanto, como o Diabo é o pai das ilusões, ele monta mentiras e deturpa os princípios para trazer morte e destruição. Para os que são menos tradicionais dentro da igreja, o Inimigo pinta um cenário em que prazer sem compromisso é a melhor coisa da vida, quando, na verdade, é o oposto. Sexualidade fora do padrão divino causa dependências e vícios dos mais diversos. Já para os mais conservadores, Satanás mostra o sexo como algo sujo, que não tem ligação nenhuma com pureza e santidade. Mas isso é o contrário do que Deus estipulou, que experimentássemos com o nosso cônjuge algo genuíno e sagrado. O Criador não quer que tenhamos sexo sem vida, nem vida sem sexo.

Diante disso, precisamos buscar conhecimento sobre o assunto dentro das Escrituras, aprender a vontade divina e conversar uns com os outros sobre o tema. Assim, disseminamos a verdade para que cada um de nós possa viver a plenitude do que Jesus conquistou, não sendo escravos da libertinagem nem da religiosidade cega, mas livres pela verdade da Palavra de Deus: "O casamento deve ser honrado por todos; o leito conjugal, conservado puro; pois Deus julgará os imorais e os adúlteros" (Hebreus 13.4).

MASTURBAÇÃO

Por causa das mentiras e da falta de conhecimento, somos envolvidos em práticas que não são saudáveis, e a masturbação é uma delas. Esse é um hábito muito comum, inclusive no meio dos cristãos. Recebemos milhares de e-mails de homens e mulheres, solteiros e casados, pedindo ajuda para se desprenderem desse comportamento. É interessante pensarmos que, até pouco tempo atrás, na nossa época de juventude, dizia-se que a masturbação poderia produzir espinhas, olhos fundos, pedras nos mamilos e até impotência sexual. Mas hoje já se sabe que isso não existe. Uma porção de pesquisas confirmam que o ato de se masturbar não provoca danos diretos à saúde. Porém, isso não significa que seja saudável fazê-lo, e vamos explicar o porquê.

Por conta da influência direta do pensamento humanista, alguns médicos, sexólogos, psicólogos e até a Organização Mundial da Saúde (OMS) defendem a masturbação como uma prática benéfica para a saúde. As mídias também exploram esse campo, querendo nos fazer acreditar que a sexualidade é uma questão meramente orgânica, e que temos necessidades biológicas que precisam ser supridas. Porém, esta é uma questão bem mais ampla. Existem muitas implicações que revelam que a masturbação não é uma prática tão inofensiva e totalmente saudável quanto pode parecer. Uma delas é que, apesar de não haver divulgação, o alto índice de pessoas dependentes da masturbação é bem relevante, por exemplo. E é aí onde mora o perigo!

Assim, a masturbação é, sem dúvida, prejudicial, pois pode desencadear o ciclo chamado de comportamento de recompensa. Isso acontece quando uma atividade que causa prazer estimula o sistema nervoso central, transmitindo uma sensação de bem-estar para todo o organismo. Então, neurotransmissores, como a dopamina, são liberados ampliando os efeitos de satisfação. Com isso, o cérebro entende que precisa repetir tal acontecimento para que a descarga de sensações seja liberada novamente. Essa dinâmica faz com que o corpo deseje mais e mais vezes, o que leva à dependência. E com a desculpa do autoconhecimento, usufruindo de prazer e alívio momentâneos, muitos caem nessa armadilha e sofrem tentando sair dela. Já ouvimos relatos de especialistas sobre pessoas compulsivas que chegam a se masturbar 28 vezes ao dia, ferindo seus órgãos genitais devido à quantidade exorbitante de vezes que praticam o ato. Há casos em que até choram enquanto se masturbam, porque não querem mais viver assim, mas estão tão presas ao vício que não conseguem parar.

Outro aspecto importante quando abordamos os pontos negativos da masturbação é que o autoestímulo precisa ser impulsionado pelo desejo prévio. E para que isso aconteça, usa-se a imaginação. Nesse contexto, para nós cristãos, é muito difícil não se deixar contaminar por pensamentos impuros. É nesse ponto que temos de lidar com uma das questões espirituais que essa prática envolve. A Bíblia diz que qualquer que olhar para uma mulher e desejá-la já cometeu adultério em seu coração (Mateus 5.28) – e isso também vale para o sexo oposto. Portanto, a não ser que se enquadre em um distúrbio comportamental, como os citados no início do capítulo, ninguém se masturba pensando em um *smartphone*, em um tênis da moda ou em um carro importado. Você precisa pensar em alguém para a fantasia acontecer, e isso incide em adultério. Outra prática são as visualizações que provocam excitação, como a pornografia, que costuma andar sempre de mãos dadas com a masturbação. Vamos falar dela mais especificamente nas páginas seguintes, mas já podemos adiantar que também não é nada saudável.

Em síntese, a masturbação busca proporcionar o prazer do sexo, que está reservado apenas para aqueles que firmam a aliança do matrimônio como a expressão máxima do amor conjugal. Logo, essa ação de estimular os órgãos sexuais funciona como uma espécie de simulador, que performa o prazer fora do contexto do sentimento entre marido e mulher. É uma atitude egoísta, que não contribui para nos enriquecer emocionalmente. Não há uma troca, a masturbação busca somente satisfazer um impulso sexual, uma euforia pessoal. É uma atividade egocêntrica que nos leva a pensar: "posso me satisfazer comigo mesmo, não preciso de outro alguém". E, por isso, fere o propósito ideal de Deus: o sexo como meio de comunicação para se desfrutar com seu cônjuge.

A Bíblia não fala de forma específica sobre a masturbação, mas traz orientações muito claras sobre a imoralidade sexual, o que se encaixa perfeitamente. Algumas referências que dizem respeito a isso são: Marcos 7.14-23; 1 Coríntios 6.12-19; 2 Coríntios 12.21; Gálatas 5.13-25; Efésios 2.1-3; 5.3-13; Filipenses 4.8; Colossenses 3.5-8; 1 Tessalonicenses 4.3-8 e Tiago 1.12-15.

Portanto, não arrisque se viciar em troca de um prazer momentâneo. A alegria de alguns segundos pode se transformar em tristeza e luta de muito tempo.

PORNOGRAFIA

Alguns procuram a pornografia para diversão, outros para obter mais experiência, mas os que buscam se satisfazer com tal conteúdo desconhecem o fato de que ela tem sido considerada a nova droga do milênio. Esse hábito de consumo tem crescido assustadoramente no mundo todo, a cada ano. A Pornhub, uma plataforma de vídeos eróticos, "contabilizou 81 milhões de visitantes por dia, com 28,5 bilhões de visitantes no ano, fazendo mais de 24 bilhões de pesquisas. Isso significa 50 mil buscas por minuto, ou 800 a cada segundo!", segundo matéria do Canaltech.[2]

---

[2] CANALTECH. **Pornhub divulga estatística de 2017 e mostra que o brasileiro adora pornografia**. Portal Online, 2018. Disponível em *https://canaltech.com.br/comportamento/pornhub-divulga-estatisticas-de-2017-e-mostra-que-brasileiro-adora-pornografia-106304/*. Acesso em novembro de 2019.

Esse tipo de comportamento também está entre os frequentadores da igreja, mas é abafado pela falta de diálogo entre a comunidade cristã. Infelizmente, muitos de nossos líderes têm se isentado de falar sobre o assunto, acredito eu, por não terem conhecimento de como tal prática já é epidêmica dentro de suas denominações. Tanto é verdade, que um estudo avaliou a frequência de acesso a esse tipo de conteúdo entre membros de diferentes religiões. Realizada por pesquisadores na Universidade Luterana do Brasil, a pesquisa concluiu que mais de 67% dos que se consideram cristãos admitiram acessar conteúdo pornográfico pelo menos uma vez por mês.[3] Um índice altíssimo! São mais de 22 milhões de pessoas no nosso país, cristãs ou não, consumindo pornografia. Entre esses, 76% são homens e 24%, mulheres. A maioria é jovem, 58% têm menos de 35 anos; de classe média alta, 49% pertencem à camada social considerada como B; e está em um relacionamento sério, 69% casados ou namorando.[4]

Quanto mais estudamos sobre o assunto, mais convicção temos de que nos faz tão mal. Seja qual for o lugar em que se procure informação a respeito, no fim, todas as fontes acabam mostrando que a pornografia está relacionada à depressão, ansiedade e estresse, assim como alterações na satisfação sexual e disfunção erétil, só piorando a qualidade de vida do indivíduo. Além dessas situações acima, não podemos deixar de falar na questão do vício.

> Os olhos são a candeia do corpo. Se os seus olhos forem bons, todo o seu corpo será cheio de luz. Mas se os seus olhos forem maus, todo o seu corpo

---

[3] ARAGÃO, J. **2 em cada 3 cristãos acessam pornografia mensalmente, indica estudo.** Portal Mundo Cristão, 2018. Disponível em *https://www.gospelprime.com.br/2-em-cada-3-cristaos-acessam-pornografia-mensalmente-indica-estudo/*. Acesso em novembro de 2019.

[4] MURARO, C. **22 milhões de brasileiros assumem consumir pornografia e 76% são homens, diz pesquisa.** Portal G1: Pop & Arte, 2018. Disponível em *https://g1.globo.com/pop-arte/noticia/22-milhoes-de-brasileiros-assumem-consumir-pornografia-e-76-sao-homens-diz-pesquisa.ghtml*. Acesso em novembro de 2019.

será cheio de trevas. Portanto, se a luz que está dentro de você são trevas, que tremendas trevas são! (Mateus 6.22-23)

A pornografia age no cérebro causando um estímulo como qualquer atividade sexual. E na provável masturbação subsequente, a sensação de prazer gerada pelas diversas substâncias liberadas durante o orgasmo cria conexão entre essa satisfação e o que ocasionou o estímulo, no caso, o conteúdo pornográfico. E é justamente isso que vicia. O mesmo ciclo de recompensa que falamos anteriormente, dentro do tema "masturbação", repete-se. Com essa associação que nosso corpo faz, a pornografia se transforma em um comportamento compulsivo. Consequentemente, milhões de pessoas pelo mundo estão sendo devastadas pelo vício de abrirem a janela das suas vidas para esse consumo. É um assunto muito sério e precisa ser mais debatido nas igrejas, já que está tão presente em nossas relações, mesmo que não saibamos a princípio.

A Dra. Valerie Voon, especialista em estudos sobre dependências, da Universidade de Cambridge, testou a atividade cerebral de viciados em pornografia e os comparou com a de um grupo de pessoas saudáveis, enquanto visualizavam esse tipo de conteúdo.[5] Analisando as tomografias, a área cerebral que estimula a recompensa dos voluntários normais mal reagia, enquanto a dos maníacos pela prática respondia intensamente. Com essa análise, o estudo comprovou que o comportamento apresentado no sistema nervoso central era o mesmo de dependentes de substâncias químicas. Ou seja, entrar em contato com a pornografia é o mesmo que utilizar substâncias como a cocaína ou o cigarro. Ela pode viciar da mesma maneira. Não é de hoje que vemos nos noticiários pessoas famosas sendo internadas para tratar compulsões como

---

[5] CHAMBERS, C. **Porn on the brain** (Pornografia no cérebro). News Science: The Guardian, 2013. Disponível em *https://www.theguardian.com/science/head-quarters/2013/sep/30/neuroscience-psychology?utm_source=hootsuite&utm_campaign=hootsuite*. Acesso em novembro de 2019.

essas. E há um agravante: como a indústria pornográfica é vantajosa financeiramente, não se tem tanta divulgação desses dados.

O mal da pornografia não para por aí. Além de nos aprisionar ao comportamento de assistir repetidamente a um conteúdo não saudável para receber a sensação de prazer, também dificulta o contato sexual entre o casal. Isso, porque a pornografia é a distorção do sexo. O que se vê não é de verdade, mas uma encenação, em que atores supervalorizam reações e comportamentos. Só que o organismo não sabe disso e cria uma conexão com o que é falso, tomando-o como um padrão. Então, o viciado passa a ter dificuldade de excitação com parceiros, pois, nas relações reais, o cérebro não é tão estimulado assim, fazendo com que não seja tão prazeroso. Com isso, o dependente começa a preferir a pornografia ao contato sexual, pele na pele.

A fantasia constitui um modelo incompatível com a realidade. Isso acaba fazendo com que o dependente da pornografia tenha dificuldades para atingir o clímax durante o ato sexual com seu parceiro real. Além disso, as pessoas viciadas nessa prática sentem menos prazer em atividades cotidianas, o que as leva a reduzir as interações sociais como um todo. O que começou com apenas uma fuga por prazer acabou terminando em isolamento total.

Por todas essas razões, nós não precisamos aprender como nos relacionarmos sexualmente por meio do conteúdo pornográfico. A descoberta do sexo no casamento é uma jornada maravilhosa entre o casal. Não procure ser experiente baseando-se em uma mentira. Aqueles que têm conexão e vivem em cumplicidade saberão satisfazer um ao outro plenamente, sem ajuda de muletas.

SEXO VIRTUAL

O sexo virtual cresceu assustadoramente com o desenvolvimento de novas tecnologias. A troca de fotos e vídeos de pessoas nuas é realizada por quase metade dos usuários da *internet*[6], e são muitas as suas razões. Alguns enviam porque desejam receber; outros, para exibir seu corpo, conquistando, assim, atenção e elogios; e ainda há os que compartilham com seus namorados e cônjuges, acreditando que jamais serão expostos. Porém, não são poucos os que se arrependem amargamente quando percebem que suas fotos "vazaram", seja por motivo de roubo do celular, invasão, ou por vingança no término do relacionamento.

No contexto do relacionamento cristão, é importante abordarmos o sexo virtual, porque alguns casais de namorados ou noivos podem achar essa prática uma boa saída para manter uma relação "pura" fisicamente. Eles têm conversas eróticas pelo telefone, exibindo seus corpos pela câmera, enviando fotos por aplicativos, como as famosas "*nudes*". Alguns acreditam que, por não haver o contato físico, está tudo bem, mas não é bem assim. Não é porque não há toque nem penetração que deixa de ser pecado. O Senhor nos orienta como devemos usar nosso corpo:

> Portanto, não permitam que o pecado continue dominando os seus corpos mortais, fazendo que vocês obedeçam aos seus desejos. Não ofereçam os membros dos seus corpos ao pecado, como instrumentos de injustiça; antes ofereçam-se a Deus como quem voltou da morte para a vida; e ofereçam os membros dos seus corpos a ele, como instrumentos de justiça. (Romanos 6.12-13)

Quando adotamos esse tipo de comportamento e comparamos com a Palavra de Deus em Romanos, conseguimos perceber que não estamos usando nosso corpo como instrumento de justiça.

---

[6] **Quase metade dos usuários da internet já mandou nudes, diz pesquisa.** Correio Braziliense, 2015. Disponível em *https://www.correiobraziliense.com.br/app/noticia/tecnologia/2015/12/17/interna_tecnologia,510979/manda-nudes-pesquisa-consulta-jovens-de-16-a-30-anos-para-saber-opini.shtml*. Acesso em novembro de 2019.

Pelo contrário, estamos oferecendo-o para obedecermos aos nossos próprios desejos, revelando nossa intimidade fora do contexto do casamento. Além disso, corremos o grande risco da exposição pública de algo que deveria ser íntimo. O que não faltam são casos na mídia desses acontecimentos.

Portanto, essa não é uma forma saudável de relacionamento para os casados, muito menos para os solteiros, pois, nesse caso, além de não ser seguro, também é pecado. Sexo virtual ainda é sexo!

SEXO ORAL

Sempre que falamos sobre esse assunto, vira motivo de discussão. Muito do que ouvimos não passa de achismos das pessoas para defender aquilo que acreditam ser a "verdade". Normalmente, essas explicações vêm recheadas de religiosidade, que nada tem a ver com a Palavra de Deus. Nós nos impressionamos com como o Inimigo conseguiu criar fortalezas intelectuais enganosas e sutis em relação à sexualidade. Mas o que veremos a seguir é o que a Bíblia diz a respeito do assunto.

Se procurarmos, de Gênesis a Apocalipse, um texto que faça referência direta ao tema "sexo oral", que embase o apoio ou a reprovação dessa prática, não encontraremos nenhuma. Então, ainda que os argumentos sejam coerentes, os versículos utilizados não podem ser totalmente, de forma expressa e direta, entendidos como aplicáveis.

Para os que são contra o sexo oral, o argumento segue a linha de que é antinatural, pois a boca é um órgão digestivo, e não reprodutor. Para eles, os órgãos sexuais são extritamente o pênis e a vagina, e ponto-final. Sendo assim, consideram essa modalidade pecado. Um dos versículos usados como embasamento para esse posicionamento é:

> Por causa disso Deus os entregou a paixões vergonhosas. Até suas mulheres trocaram suas relações sexuais naturais por outras, contrárias à natureza. Da mesma forma, os homens também abandonaram as relações naturais com as mulheres e se inflamaram de paixão uns pelos outros. Começaram a cometer atos indecentes, homens com homens, e receberam em si mesmos o castigo merecido pela sua perversão. (Romanos 1.26-27)

Já os que são favoráveis ao sexo oral alegam que todo o corpo se envolve no ato sexual e, por isso, não há problema algum. Em sua maioria, fundamentam-se no trecho de Provérbios que diz: "Alegre-se [tenha prazer] com a esposa da sua juventude" (Provérbios 5.18 – acréscimo da autora).

Como a Bíblia não deixa orientação específica, entendemos, então, que o sexo oral dentro do casamento torna-se uma questão interpretativa. Por outro lado, nem precisamos falar sobre a prática entre os não casados, certo? Depois de ler até aqui, você já tem muitos versículos como referência de que uma pessoa solteira deve viver em santidade. Mas apesar de desnecessário, vale repetir que sexo oral também é sexo, logo, deve se restringir ao casamento.

O que realmente importa sobre este assunto é o casal decidir junto o que é ou não bom para os dois. Se concordarem que essa prática é prazerosa, traz satisfação para as duas partes, e ambos estão confortáveis em relação a isso, fiquem em paz. Mas precisa existir um consenso, pois, se um gosta e o outro não, o melhor será não fazer. Se causa qualquer tipo de desconforto ou condenação, não será saudável nem prazeroso, perdendo todo o propósito que Deus preparou para que desfrutássemos do sexo na relação:

> Assim, seja qual for o seu modo de crer a respeito destas coisas, que isso permaneça entre você e Deus. Feliz é o homem que não se condena naquilo que aprova. (Romanos 14.22)

Alguns possuem ressalvas acerca do sexo oral ou sentem condenação em praticá-lo. Isso acontece, na maioria das vezes, por terem como referência algo pornográfico, que viram em vídeos eróticos, por exemplo, com homens ejacualndo em cima das mulheres, e por aí vai. Mas esses parâmetros estão fora do padrão! Como já falamos anteriormente, a pornografia é uma ilusão, uma encenação para satisfazer fantasias e os desejos da carne, mas não é sobre esse tipo de comportamento que estamos tratando aqui.

A realidade é que, por causa do preconceito, da falta de conhecimento, dos tabus e cobranças, muitas mulheres não veem o sexo em geral como algo prazeroso. Metade das brasileiras não chega ao orgasmo em suas relações, mais de 67% têm dificuldade para se sentirem excitadas e 59% delas sentem dor no ato sexual.[7] Isso, porque existe a crença de que o orgasmo precisa ser alcançado com a penetração, quando somente uma minoria de mulheres é capaz disso. Elas precisam de outros estímulos, como o sexo oral, por exemplo, para chegar ao clímax. Muitos homens, e até mulheres, não sabem que o ponto mais sensível na vagina não está dentro, e sim fora dela. Por isso, na maioria dos casos, só a penetração não é suficiente para que uma mulher alcance o prazer.

SEXO ANAL

A maioria das informações que recebemos em revistas e *sites* declaram que essa é uma prática normal, afirmando ser extremamente prazeroso quando feito da maneira correta. Dizem, de boca cheia, que todos deveriam tentar, pois é uma experiência extraordinária. Ainda declaram que as mulheres não precisam ter medo e que elas

---

[7] SOARES, A. C. **Pesquisa da USP mostra que metade das mulheres não chega ao orgasmo**. Blog O Sexo e A Cidade, Veja São Paulo, 2016. Disponível em *https://vejasp.abril.com.br/blog/sexo-e-a-cidade/pesquisa-da-usp-mostra-que-metade-das-mulheres-nao-chega-ao-orgasmo/*. Acesso em novembro de 2019.

vão amar e sentir prazer, expondo que os homens "acham o máximo", e que essa é uma forma de deixá-los loucos na cama.

No entanto, você deve estar se perguntando: "Será que é isso tudo mesmo? Será que, se eu fizer da maneira certa, não vai haver problemas?". A resposta para essas perguntas é "não"! O risco é alto, mesmo se você praticar da forma "correta", e pode, sim, ser uma experiência extremamente dolorosa. Ao contrário da vagina, o ânus não foi projetado para receber o pênis. Aliás, não foi projetado para receber coisa alguma, pois sua função é expelir.

Em contrapartida, a vagina, sim, é um órgão criado para o ato sexual. Ela possui muitas camadas musculares que são formadas por tecidos grossos e elásticos, e também por células caliciformes, responsáveis pela produção de um muco aquoso que diminui o atrito, facilitando a movimentação do pênis. Já o ânus e o reto são órgãos criados para excreção. Ou seja, o caminho natural deles é o de saída. Nessa região, existe um tipo de válvula com dois esfíncteres, um de controle externo, voluntário – neste, temos consciência desse comando – e outro de controle interno, autorregulado pelo organismo. Sendo assim, isso dificulta mais a penetração, trazendo uma maior possibilidade de traumas. Até porque essa área possui somente uma camada celular, tornando sua estrutura muito mais frágil a fissuras. Ainda que também tenha células caliciformes que produzem muco, este é mais denso que o vaginal, aumentando o atrito e retardando a saída do excremento.

A diferença de suas funções quando comparadas é bem clara. Assim como também ficam nítidas as barreiras naturais, o muco ceroso que dificulta a reação e os esfíncteres. Tudo isso indica que o ânus não foi projetado para atividade sexual. Além do mais, o ambiente é altamente infeccioso por causa da alta concentração de micro-organismos, que, inclusive, não são encontrados em outras partes do corpo. Qualquer fissura ocasionada pela fricção do ato sexual poderá causar infecção. O ânus e o reto, apesar de apresentarem resistência a micro-organismos, estruturalmente, são bem frágeis.

Dessa forma, uma penetração anal forçada ou com lubrificante insuficiente pode até causar hemorroidas, fissuras anais e prolapso retal (a mucosa do reto acaba se exteriorizando pelo ânus). Além disso, se a pessoa não estiver muito relaxada, sentirá bastante dor se o parceiro for muito afoito. Mesmo depois do ato sexual, o desconforto pode continuar.

E ao contrário do que a mídia divulga, o sexo anal pode ser prejudicial também para os homens. Se não se protegerem, podem adquirir uretrite e, mesmo que seja feita a limpeza (lavagem com jato de água), é normal que o preservativo saia um pouco sujo. Além do mais, não é recomendada a lavagem do reto com frequência, pois esse hábito mata a flora intestinal. Por fim, há pesquisas que mostram que o risco de incontinência fecal é maior para os que praticam essa modalidade.

O reto foi projetado para armazenar fezes e absorver água, e a função do ânus é de regular a saída do excremento. Os dois têm seu caminho habitual, seu vetor, no sentido de dentro para fora. Fica muito claro que a introdução de algo pelo ânus até o reto é contrária à fisiologia humana e faz mal.

Portanto, não há motivos para essa prática, já que existe a vagina. Ela, sim, é o órgão sexual feminino que recebe o masculino, por isso, tem fisiologia normal tanto para a entrada quanto para a saída do pênis. Ainda que a mídia possa tentar redefinir suas funções e conceitos o quanto quiser, vagina continuará sendo vagina, e ânus continuará sendo ânus. Ambos especificamente projetados por Deus para seus objetivos, e nada pode mudar isso.

Tendo em vista os assuntos abordados aqui, na "hora de tirar a roupa" é importante, sim, tomar o cuidado de manter um sexo saudável, seguro e exclusivo ao leito conjugal. Entenda que a prática sexual não é apenas para a diversão ou uma "compensação" pela sua espera, mas tem o objetivo de consumar, fortalecer e levar ao máximo nível de intimidade a relação entre um casal. Portanto, não é preciso ter pressa para experimentá-la e conhecê-la, muito menos antes do casamento. Afinal, temos desde a noite de núpcias "até que a morte nos separe" para aperfeiçoar a relação sexual com o nosso parceiro.

CAPÍTULO 10

O QUE PRECISO SABER AGORA QUE VOU ME CASAR?

NELSON JUNIOR E ANGELA CRISTINA

Chegamos ao capítulo final. Viajamos muitas páginas até aqui, e nossa expectativa é a de que cada linha deste livro tenha ajudado você, de alguma forma, a fazer escolhas mais sábias para sua vida. Agora que tudo se encaixou, você está no tempo certo e encontrou a pessoa ideal, é hora de se preparar melhor para o altar, o seu grande dia.

Quando falamos sobre a preparação para o casamento, muitas pessoas pensam apenas em enxoval, mobília, cerimônia, os detalhes da festa de recepção, a lua de mel... E acabam se esquecendo de construir as bases que sustentarão o relacionamento depois que o dia da celebração dos votos terminar. No entanto, essa preparação não é para o evento em si, mas para o processo que se iniciará a partir deste grande marco. Isso não é algo que vem pronto, e não será um conto de fadas, por mais linda que seja a comemoração. O matrimônio é uma aliança que dura para sempre, uma construção que não se acaba. Lembre-se: casamento é um processo de mudanças constantes. Então, case-se tendo consciência do valor de sua união e a durabilidade dela: é para sempre, e não há volta. Tenha em mente a convicção de que é uma decisão que se prolongará para o resto da sua vida. Uma vez casados, assim permanecerão para todo o sempre.

Dentro disso, entenda que vivemos em uma sociedade que vê o divórcio como algo muito comum e a solução para uma união que não deu certo. Mas para Deus o matrimônio é indissolúvel, porque aquilo que Ele uniu homem algum poderá separar (cf. Mateus 19.6). Ainda que consigam um papel no cartório desfazendo legalmente a decisão do casal, diante do Senhor permanecerão casados para o resto de suas vidas, até que a morte os separe. Pode parecer radical, mas o divórcio não é inofensivo. Pelo contrário, é uma tragédia, e Deus odeia tal ato (cf. Malaquias 2.16).

Mas por que falar sobre divórcio no final de um livro que propõe o casamento?! Pois é, meus queridos, não é maluquice nossa, não. Se as pessoas se casassem entendendo que esta é uma decisão para toda a vida e que não há mais volta, pensariam duas vezes antes de assumir uma aliança como essa. Infelizmente, mesmo entre aqueles que frequentam a igreja, temos visto que muitos se casam pelas motivações erradas, com propósitos divergentes e com uma visão limitada do que é a união matrimonial. Depois, os que escolhem o cônjuge errado, pagam alto preço por não terem sido conscientizados que este é um pacto eterno.

Por isso, se você estiver comprometido(a) com alguém e não sentir segurança de que esta é a pessoa ideal para se casar, não se case. Essa é a hora certa para dar fim ao romance. Por outro lado, se você estiver convicto de que essa pessoa é a sua melhor escolha, tenha certeza de que o seu próximo passo é o altar. Para isso, as próximas páginas conterão as últimas instruções para sua preparação até o esperado casamento. Mas antes de entrarmos na parte positiva, temos de alertá-los com mais um "porém", o jugo desigual.

O FAMOSO JUGO DESIGUAL

Antes de mais nada, vamos esclarecer o que realmente significa este termo. Muita gente confunde, afirmando que, quando o casal vem de denominações distintas, ou quando a diferença de idade entre eles é grande, isso se caracteriza como jugo desigual. Mas, na verdade, esses fatores podem apenas trazer algum conflito na relação, não necessariamente se enquadrando no que a Palavra diz sobre o termo.

Começando por sua definição, jugo é um aparelho utilizado em contexto rural para puxar carroças em lavouras onde não se usa trator. Nesse dispositivo, são colocados dois bois, um ao lado do outro. O instrumento que vai nas costas dos animais, prendendo-os um ao outro, é o jugo, responsável por manter os dois lado a lado, para seguirem, assim, o mesmo ritmo e direção. Quando o agricultor coloca um cavalo ao lado de um boi para empurrar a carroça, a combinação não dá certo, pois o jugo não encaixa perfeitamente nos dois. Isso, porque a estatura deles é diferente, e o ritmo em que andam não é o mesmo. Ou seja, os dois são excelentes para puxar o que for, mas não foram feitos para fazer isso juntos.

Do mesmo modo, quando uma pessoa nascida de novo em Cristo une-se a uma outra que não passou pela conversão, essa primeira está se colocando debaixo de um jugo desigual, pois o ritmo e a direção em que as duas caminham são diferentes. Os princípios que os norteiam, os ambientes que frequentam, as amizades que cultivam e os tipos de conversa que têm não condizem um com o outro, porque são de mundos completamente distintos. Mas, apesar disso tudo, as desculpas daqueles que assumem tal atitude para respaldar sua decisão são muitas: "Estou evangelizando a pessoa"; "Deus não faz acepção de pessoas"; "Conheço um caso na minha igreja que deu certo"; entre tantas outras, com uma porção de motivações.

Queridos, nós já explicamos aqui que precisamos ser responsáveis em assumir nossas escolhas e suas consequências. Não é coerente inventar justificativas para o que a Bíblia deixa claro que não é certo. Mesmo assim, vamos reforçar razões específicas pelas quais o jugo desigual não é uma boa ideia. Primeiramente, não existe "namoro missionário". Em nenhum momento, a vida sentimental será uma estratégia evangelística. Existem outros meios mais eficazes e menos perigosos de ganhar alguém para Jesus, e você, certamente, está querendo conquistar essa pessoa mais para você do que para Cristo.

Em segundo lugar, evitar um relacionamento amoroso com pessoas que não são cristãs não é um comportamento de acepção, e sim de cuidado. Acreditamos que esse princípio serve para proteger os dois lados, tanto o que não é cristão, que também será infeliz se assumir esse compromisso, como a nós, que acreditamos nos valores do Reino.

Já aos que dizem que conhecem um caso que deu certo, podemos afirmar que, para cada um "bem-sucedido", existem centenas de "malsucedidos". Imagine se você fosse viajar e precisasse escolher entre uma companhia aérea que é famosa pelas quedas dos seus aviões e uma que não tem histórico de acidentes, por qual você optaria? A resposta é óbvia. Por isso, "Não se ponham em jugo desigual com descrentes. Pois o que têm em comum a justiça e a maldade? Ou que comunhão pode ter a luz com as trevas?" (2 Coríntios 6.14).

Sabemos que, para um casamento dar certo, o fato de estarmos apaixonados não é o único nem o principal requisito. Pois, quando as crises chegam, precisamos perdoar, pedir perdão, ceder, reconhecer que erramos, entre outras coisas. Isso faz parte de um longo processo ao qual só nos submetemos por conta do Espírito Santo que opera nas nossas vidas. Por essa razão, será arriscado nos relacionarmos com alguém que não está passando por essa metanoia.

Imagine como deve ser difícil para um não-cristão lidar com o fato de namorar alguém sem ter relações sexuais antes de se casar. Para eles, essa escolha não faz sentido algum.

Diante disso tudo, perceba como o jugo desigual é naturalmente conflituoso e desgastante. Pense conosco: você, todos os domingos, indo para a igreja e seu futuro cônjuge querendo aproveitar o dia de forma diferente. Ir ao culto não faz parte dos planos dele(a), e isso fará com que o casal desenvolva uma vida social separada. É isso que você planejou para si? Estar casado, mas levar uma vida sozinho? Duvido muito. Além disso, se você for um cristão comprometido, será envolvido com seu chamado e, consequentemente, com as coisas de Deus. Seu contexto de amizades, eventos, tudo gira em torno dessa realidade. Porém, se você é um crente "de fim de semana", sem um relacionamento real e comprometido com o Senhor, talvez não faça tanta diferença assim.

"Duas pessoas andarão juntas se não tiverem de acordo?" (Amós 3.3). A vida de um casal em jugo desigual é cheia de contrastes. Desde tomar decisões importantes, como na criação dos filhos, por exemplo, corrigi-los, educar sobre mentiras e palavrões etc. será um desafio, pois vocês terão conceitos completamente opostos. Entregar o dízimo, gerenciar as finanças, não subornar nem sonegar impostos, dar ofertas, gastar com retiros e conferências, tudo isso pode trazer conflitos, pois o que para um pode ser normal, para o outro parece absurdo, e vice-versa.

Se já existe tamanha dificuldade com esses assuntos, imagine então quando se trata da intimidade sexual no casamento. Como o casal entrará em acordo sobre a prática do sexo anal, e até mesmo quanto à pornografia? Lembre-se de que esses são hábitos que podem ser desejados pelo seu parceiro(a) e tratados como algo saudável e estimulante, por serem comuns na nossa sociedade. Por isso, não se iluda acreditando que o amor de vocês superará tudo. Isso só funciona durante o período da paixão. A verdade é que tantas diferenças geram muitos desgastes, sofrimento e, consequentemente, o enfraquecimento do casal. "[...] disse-lhes [Jesus]: 'Todo reino dividido contra si mesmo será arruinado, e toda cidade ou **casa** dividida contra si mesma não subsistirá'" (Mateus 12.25 – grifo e acréscimo dos autores).

Diante dessa situação, temos duas opções: confiamos que a Palavra é a verdade e a acolhemos em nossos corações, ou vamos enfrentar as consequências de não acreditarmos em Seus princípios.

VAMOS FALAR SOBRE A PRIMEIRA NOITE?

À medida que o dia do seu casamento se aproxima, você ouvirá muitas piadinhas e conversas de pessoas próximas sobre sua noite de núpcias. Isso desperta curiosidade e, naturalmente, expectativas. Porém, o melhor é ficarem tranquilos. Não tenham medo e não fantasiem demais.

Enfim chegou a hora de não terem mais dúvidas, e de tirarem suas roupas. Este momento é rodeado de mitos e, principalmente, falta de informação. Se ambos estiverem psicologicamente preparados e bem informados, isso ajudará em muito para que a noite seja especial, tornando-se um sonho, e não um pesadelo. Porém, sabemos que muitos noivos vão para a lua de mel sem a menor preparação.

O que atrapalha nessa hora é, realmente, a falta de orientação correta. Conhecemos casos de noivas que não pararam de chorar durante a primeira noite; outras que, por fatores exclusivamente emocionais, passaram mal durante a lua de mel inteira. Existem até situações extremas de pessoas que entraram em pânico, surtaram e foram parar na emergência de hospitais, tamanho o pavor. Por outro lado, há aqueles que criaram tantas expectativas sobre essa noite, que, depois da primeira relação, ficaram frustradas, pensando: "Como assim? Era só isso?". Tendo em vista essas coisas, a seguir, daremos uma sequência rápida de conselhos que poderão ajudar vocês.

Organizar o casamento é muito cansativo e trabalhoso. São meses, às vezes, até mais de um ano de planejamento para o grande dia. Quanto maior o sonho, maior o trabalho e, por isso, nos empenhamos com grande esforço para que tudo saia lindo e perfeito como sempre desejamos. Durante as semanas que antecedem a cerimônia, os nervos certamente estarão à flor da pele. Quando tudo terminar, depois de um milhão de fotos tiradas, cumprimentos e sorrisos para tantas pessoas, os pés estarão dormentes e provavelmente os noivos estarão exaustos no fim da festa.

Adicionados a esse turbilhão de situações e sentimentos, a inexperiência e a pressa quase sempre são os elementos que mais atrapalham a primeira vez de um casal recém-casado. Então, tenham calma, relaxem e curtam o momento. Outros fatores que podem dificultar ainda mais esse momento único e tão especial são: o lugar, a ansiedade, a posição, a falta de lubrificação vaginal ou a junção de todas essas coisas. Logo, permanecer tranquilos nessa hora fará toda a diferença. Além disso, tomem um bom banho antes de ir para a cama. Caprichem no perfume e cuidem bem da higiene pessoal, principalmente nas partes íntimas.

Agora, para os homens: deixe a noiva à vontade e consulte-a sempre para entender o que ela deseja fazer. Nunca a force a fazer absolutamente nada que ela não queira. Se ela é virgem, tenha toda a paciência do mundo, pois estará tímida, tensa e preocupada, não só consigo mesma, mas em como lhe agradar. Transmita segurança, mesmo que você também seja virgem ou inexperiente.

Ao partirem para a ação, os homens se excitam rapidamente e, em segundos, já estão prontos para o ato sexual. Mas as mulheres precisam estar inspiradas, relaxadas, tranquilas, sem preocupações, sentirem-se bem cuidadas e com muita vontade para começar a pensar na possibilidade de fazer algo. O segredo é deixá-las confortáveis.

Tudo isso vai depender da timidez de cada uma. Algumas ficam aparentemente constrangidas, outras ficam mais soltas por serem descontraídas. Porém, o fato de o noivo estar excitado não significa que a noiva também esteja. Então, não pulem as preliminares. Essa parte é fundamental para as mulheres. E, honestamente, é exatamente o que precisa ser bem executado, por ser o momento em que é possível deixá-la excitada. Sem isso, o sexo poderá ser uma experiência frustrante para a esposa.

Outro ponto que consideramos ser de extrema importância é a comunicação, nós acreditamos que ela é o caminho para a realização sexual. Então, sempre perguntem um ao outro o que está bom. Além disso, aprendam sobre seus corpos. Descubram o que cada um gosta e foque nisso. Respeitar o gosto do cônjuge e fazer aquilo que ela/ele gosta é também um excelente segredo para a satisfação mútua. Contudo, às vezes, pode acontecer de, mesmo assim, as noivas não estarem perfeitamente lubrificadas e, se sentirem dor ou algum incômodo, façam uso de um gel lubrificante, que deverão levar com vocês para a lua de mel.

Mas prestem bastante atenção no que o tio Nelson e tia Angela explicarão agora (se pudéssemos fazer palavras saltarem do livro, com certeza, essa seria a hora): não esperem chegar ao clímax simultaneamente. É sério! Nem sempre as mulheres alcançam o orgasmo na primeira vez, e isso não é um problema. Outra coisa importante, muitos homens costumam chegar lá rápido demais, deixando a noiva a ver navios. Com o tempo, muito diálogo e compreensão, começa a dar certo nas tentativas seguintes. O sexo também é um tipo de relacionamento e, assim sendo, precisará ser construído.

Lembrem-se de que a vida não é como um filme pornô, aquilo tudo é uma mentira. Não tentem reproduzir na cama o que se ensina na *internet*. Sejam suaves, nada de malabarismo ou posições circenses. Engatinhem antes de aprenderem a andar. Um passo de cada vez. E não se sintam frustrados se algo sair errado. É normal que aconteça, ninguém nasce sabendo e vocês estão se conhecendo. Se ela não chegou ao clímax, isso não significa que não tenha gostado, também não quer dizer que tenham problemas. A relação sexual é fruto da intimidade conjugal, e isso alcançamos somente com o tempo. Com muita prática, descobrimos isso juntos. Assim, vocês melhorarão a *performance* nas próximas relações.

O ato sexual não é apenas para procriação, mas uma fonte de prazer. Por isso, curtam o momento. É bíblico: "Seja bendita a sua fonte! Alegre-se com a esposa da sua juventude. Gazela amorosa, corça graciosa; que os seios de sua esposa sempre o fartem de prazer, e sempre o embriaguem os carinhos dela" (Provérbios 5.18-19). Essa é a hora da recompensa e o ambiente ideal para liberar todo aquele desejo controlado durante o tempo de solteiro. Deleitem-se, façam massagens um no outro, beijem-se muito, encham-se de carinhos e troquem carícias com liberdade, esse é o momento.

CONHEÇA MELHOR SUA FUTURA FAMÍLIA

Lembre-se do que afirmamos anteriormente, você até pode escolher a pessoa com quem passará o resto da sua vida, mas não as que virão acompanhadas dela. E com isso, gostando dos parentes do seu pretendente ou não, quando se casarem, ambos ganharão uma nova família. Se você tem um ótimo relacionamento com a família do seu futuro cônjuge, ótimo. Faça o que estiver ao seu alcance para conservá-lo assim. Agora, se já enxerga os defeitos ou possui problemas com eles, não se iluda acreditando que, depois de casados, você se afastará deles com sucesso. A família do outro não desaparece um dia depois do casamento. Com a união oficial, nasce ali um novo núcleo familiar, formado por nós, nosso cônjuge e nossos filhos. Mas o que muitos se esquecem é que nossa parentela será ampliada, unindo a atual família com a do outro. Antes, você tinha de aguentar somente a sua; casados, terão de acolher e aprender a conviver pacificamente com ambas, independentemente de todos os defeitos e qualidades que elas manifestem. A vida de vocês será bem mais fácil se a relação for positiva, sem conflitos e problemas.

Conhecer melhor a família do seu futuro cônjuge pode ser fundamental por uma série de fatores. Além dos citados acima, que trata o convívio entre vocês, também proporcionará a possibilidade de revelar muito sobre como será a vida depois do casamento. Se você deseja conhecer melhor uma pessoa, se possível, perceba seu ambiente familiar: como ela trata seus pais e irmãos; como é o relacionamento conjugal dos seus futuros sogros e quais os valores ensinados por eles aos filhos. Nossa criação e o meio em que vivemos influencia na maneira como nos relacionamos com as pessoas. E, quando o assunto é casamento, concordando ou não, a forma que o pretendente trata seus familiares hoje pode revelar a maneira como nos tratará dentro de casa amanhã.

Além disso, os especialistas garantem que os filhos tendem a copiar seus pais. É normal que as pessoas tenham a tendência de imitar ou herdar comportamentos que aprenderam no contexto em que foram criadas. Por isso, repare mais em como reagem e lidam com as situações. Observe como seu futuro cônjuge trata os pais, independentemente se moram juntos ou não. É claro que não podemos afirmar que seu amado será exatamente igual aos pais que tem, mas é impossível negar que eles são a maior referência e influência que ele ou ela possui. Com o tempo, começamos a perceber que parecemos com pelo menos um de nossos pais mais do que somos capazes de notar.

Assim, se você quer se casar, não basta conhecer só seu futuro cônjuge, mas também entender melhor seus futuros sogros. Se eles estão casados, observe como se tratam, se existe respeito mútuo, carinho e cumplicidade. Saiba da história de vida deles, como se casaram, em que circunstâncias fizeram isso, se houve a bênção dos pais na época, se há algum registro de adultério e, também, se existe algum caso de violência ou separação.

Caso os pais de seu pretendente sejam separados, muito discretamente, é bom saber por que o casamento não deu certo, em qual circunstância aconteceu a separação e como isso o afetou. Isso, porque esses pontos se tornam indicadores importantes sobre os dilemas que vocês enfrentarão ao longo do relacionamento. Quando se desdobrarem em algum tipo de problema, vocês precisarão ter clareza para se ajustarem nessa fase de adaptação, principalmente nos primeiros anos de casamento. Todas essas questões podem ajudar você a conhecer um pouco mais sobre a pessoa com quem irá se casar. Portanto, leve essas questões em consideração, não as ignore.

SOBRE AS TAREFAS DOMÉSTICAS

Outro assunto importante que precisa ser muito bem abordado antes do casamento é o papel conjugal de cada um dentro de casa. Quando começar a rotina do dia a dia, esse assunto pode gerar muita discussão entre vocês. Esse tema, muitas vezes, não é tratado durante o tempo de namoro, e muitos casais só se dão conta quando já virou um problema, pois quase sempre vem acompanhado de discussões, cobranças e acusações, gerando conflitos constantes dentro do lar.

Até a geração de nossos avós, esses papéis estavam muito claros: o marido trabalhava fora e a esposa cuidava dos filhos e da casa. Mas no mundo globalizado em que vivemos, muita coisa mudou. As mulheres têm exercido um papel bem diferente, atuando no mercado de trabalho e ajudando financeiramente no orçamento do lar. Possuem uma agenda lotada de compromissos e muitas obrigações, o que as leva até a ter uma rotina mais exaustiva do que a de seus maridos. É pensando nisso que, nos relacionamentos em que ambos possuem suas carreiras, o casal precisa considerar e combinar como desenvolverão suas funções dentro de casa. O perfil dos casamentos de hoje é bem diversificado, com maridos que trabalham em casa, do tipo *home office*, ou os que cuidam do lar. Existem as mulheres que fazem plantões, trabalhando por escala, até mesmo de madrugada; e também as que precisam viajar pela empresa. Fora aqueles casais que trabalham juntos, no mesmo emprego, ou que são sócios.

Com isso, a discussão central aqui não é sobre submissão, machismo ou feminismo. Até porque lavar uma louça não fará dele menos homem nem tirará sua autoridade de cabeça do lar. Bem como trabalhar fora de casa não fará da mulher uma esposa insubmissa. Tudo depende da intenção do coração de cada um. Se os dois tiverem um coração humilde e respeitoso, e uma comunicação aberta, tudo ficará mais leve e fácil de resolver. Entendam que vocês são companheiros, que se apoiam e amam um ao outro. Essa é a vontade do Pai: que vivam em harmonia, respeitando as diferenças entre vocês.

Desse modo, as atribuições do marido ou da esposa dentro e fora de casa não podem interferir no papel conjugal. Os princípios cristãos continuam os mesmos e a Bíblia precisa ser a base do relacionamento de vocês. Ajudar nas tarefas domésticas não interfere na função como homem ou mulher. Do mesmo modo que as esposas podem ajudar no sustento do lar, os maridos, que amam suas mulheres, devem auxiliar na organização da casa.

Se, como casal, não servirem um ao outro, tão pouco farão isso na igreja, no trabalho ou em qualquer outro ambiente. Não permitam que a competição e a falta de honra dominem a relação. Estejam sempre ocupados em enriquecer e fortalecer o vínculo entre vocês. Se um apoiar e valorizar o outro, estarão no caminho certo. E para ajudá-los nessa missão de dividir tarefas domésticas, separamos algumas dicas que podem ser bem úteis para iniciarem uma conversa sobre o assunto.

Descubram as habilidades de cada um: Que tal começarem percebendo no que cada um é bom? Nitidamente vocês possuem habilidades diferentes. Um sabe cozinhar, já o outro gosta de ir ao mercado fazer compras. Um deixa a louça brilhando, o outro sabe organizar o guarda-roupa como ninguém. Essa relação é semelhante a um time de futebol. Os onze jogadores têm o mesmo objetivo, porém nem todos desempenham o mesmo papel. Entretanto todos trabalham para a equipe vencer. Sendo assim, descubram quais as habilidades que cada um possui, e ficará mais fácil decidir o que cada um fará.

Conheçam as preferências e aversões de cada um: Ele pode achar que cuidar das contas é muito chato, enquanto ela tem habilidades técnicas para controle financeiro. Ela pode achar irritante aspirar a casa, e para ele não é tão terrível assim. Desse jeito, cada um vai assumindo as tarefas da casa de acordo com o que pode contribuir, para que as obrigações não se tornem um peso para um dos lados.

Revezem as funções: Se os dois não curtem uma determinada tarefa, tudo bem. Não gostamos de fazer a maioria das obrigações domésticas da nossa rotina. Então, pratique um revezamento entre vocês com aquele trabalho que nenhum dos dois gosta de fazer. Dessa forma, não ficará pesado para ninguém. Lembrando sempre que vocês podem ser flexíveis nas mudanças, e, se for necessário, façam alguns ajustes previamente combinados.

Listem todas as obrigações: Façam uma lista de tudo o que precisa ser feito dentro de casa. Relacionem no papel o máximo de afazeres possíveis. Assim vocês podem visualizar e organizar melhor as tarefas domésticas. Isso ajudará também a identificar o que está faltando e o quanto de obrigações ficou para cada um. No casamento, o serviço é uma linda forma de demostrarmos nosso amor pelo cônjuge e o cuidado que um tem pelo outro.

Trabalhando juntos, vocês se sentirão mais próximos um do outro, ficarão menos cansados e terão mais tempo livre para se dedicarem, inclusive, às atividades que gostam de fazer e que proporcionam prazer, como assistir a um seriado, ler um livro, ouvir música, conversar com os amigos, tirar um cochilo, ficar de pernas para o ar, praticar uma atividade física ou aproveitar o tempo para namorarem, fortalecendo cada vez mais a intimidade e o carinho entre vocês.

AS FINANÇAS DO CASAL

Uma pesquisa[1] feita pelo Serviço de Proteção ao Crédito (SPC) e pela Confederação Nacional de Dirigentes Lojistas (CNDL) ouviu 810 mulheres de todas as classes sociais nas capitais e no interior do país. Entre as casadas, a administração do dinheiro apareceu como o principal motivo de brigas dentro de casa, com 37,5% das respostas. Em segundo lugar, ficou a falta de dinheiro, citada por 31,5% das entrevistadas. Nem a divisão de tarefas domésticas (25,7%), o ciúme (19,6%) e a forma de educar os filhos (17,15%) pareceram gerar tanto estresse no cotidiano a dois como a questão dos recursos financeiros dentro do casamento. Se analisarmos bem, podemos perceber que a maioria desses problemas não são matemáticos, mas sim comportamentais.

---

[1] Dados retirados da pesquisa **Dinheiro é o principal motivo das brigas conjugais**. Blog do Servidor: Correio Braziliense, 2016. Disponível em *http://blogs.correiobraziliense. com.br/servidor/pesquisa-dinheiro-e-principal-motivo-das-brigas-conjugais/*. Acesso em novembro de 2019.

Homens e mulheres lidam de formas diferentes com o dinheiro, então é importante que você guarde muito bem o seguinte em sua memória: prioridades distintas são sementes para muitas discórdias. Os conflitos surgem porque os objetivos financeiros e expectativas, geralmente, não são acordados entre o casal. Logo, o dito popular "o combinado não sai caro" pode poupar vocês dois de surpresas desagradáveis e muitos desgastes no casamento. Muitas pessoas acabam comprando aquilo que não precisam, com o dinheiro que não têm, só para impressionar a quem não conhecem, a fim de tentar ser alguém que não são. É por esta razão que, atualmente, os casais preferem tratar das finanças separadamente, cada um administrando sua conta. E existem dois motivos para isso: evitar conflitos se não chegarem a um acordo, ou simplesmente porque desejam continuar vivendo como solteiros financeiramente, ainda que separem parte do salário para ajudar nas despesas em casa. Muitos já fazem isso solteiros, e por que não um orçamento familiar único?

Por isso, acreditamos que alguns conselhos de um casal que trabalha com casais há, pelo menos, duas décadas merecem ser considerados, se não seguidos estritamente: Mantenham bons hábitos financeiros desde o início do relacionamento. Sejam fiéis nos dízimos e ofertas. Evitem gastar mais do que ganham. Se um dos dois vive endividado ou gastando tudo que tem, está na hora de enfrentarem o problema. Decidam juntos sobre o orçamento e as despesas. As contas de consumo, como água, luz, gás, telefone e TV a cabo, são as que mais corroem o orçamento doméstico, de acordo com pesquisa do Boa Vista SCPC. Em segundo lugar, apareceram os gastos com alimentação.[2]

Conversem sobre dinheiro, orçamento e despesas sempre que puderem, porque na cultura em que vivemos não estamos

---

[2] Dados retirados da pesquisa **Contas de água, luz e telefone são as "vilãs" do orçamento doméstico**. Economia, seu dinheiro: Portal Globo.com, 2016. Disponível em *http://g1.globo.com/economia/seu-dinheiro/noticia/2016/03/contas-de-agua-luz-e-telefone-sao-vilas-do-orcamento-domestico.html*. Acesso em novembro de 2019.

acostumados a falar sobre finanças pessoais em família. Muitos pais não tratam disso abertamente e não ensinam seus filhos a fazer o mesmo. Portanto, se não fomos educados sobre este tema em casa, e muito menos na escola, é importante que se discuta sobre isso antes do casamento para que os pontos de vista de um e do outro estejam alinhados.

Outro conselho que pode ajudar muito o casal é escolher quem cuidará da contabilidade da família, quem ajudará pagando as contas, conferindo os extratos e fazendo o controle financeiro. Porém, toda essa tarefa não deve ficar somente por conta de um dos cônjuges, para que este não se sobrecarregue e, assim, apareçam outros motivos para discussões. Listem os objetivos a serem alcançados a curto, médio e longo prazos. Lembrando que dinheiro não serve só para gastos imediatos, mas é também uma ferramenta importante para realização de sonhos.

Não escondam nada um do outro. Mascarar gastos, por menores que sejam, ou até mesmo ganhos adicionais inesperados, além de fazer mal à vida financeira do casal, é uma quebra de confiança. Busquem aprender com outros casais. Tenha contato com parentes e amigos cuja história financeira seja inspiradora. Ouçam e se espelhem naqueles que podem ensinar algo sobre o assunto, buscando juntos saídas para os seus problemas. Façam cursos e peçam ajuda se for preciso.

QUAL A LINGUAGEM DO AMOR DO CASAL?

A esta altura do campeonato, você já deve ter ouvido falar sobre *As cinco linguagens do amor*[3], livro do pastor americano Gary Chapman que aponta as cinco principais formas de demonstrar

---

[3] CHAPMAN, G. **As cinco linguagens do amor**: como expressar um compromisso de amor a seu cônjuge. 1. ed. São Paulo: Mundo Cristão, 2003.

nossos sentimentos. E sabendo disso, já deve ter descoberto qual a sua e, também, detectado qual é a do seu parceiro. Mas se você ainda não faz ideia do que acabamos de mencionar, fechamos o último capítulo com um conselho final: aprenda a identificar qual é a sua linguagem do amor e, principalmente, reconhecer a do seu futuro cônjuge.

Muitas de nossas brigas, insatisfações e cobranças dentro de um romance podem estar acontecendo porque simplesmente não estamos falando a mesma língua. Vocês já passaram pela fase em que há a sensação de que estão fora de sintonia ou que, há tempos, parecem não se entender bem? Pois bem, pode ser exatamente isso que está acontecendo entre vocês. Assim como cada pessoa cresce aprendendo uma língua diferente (no caso de países diferentes), isso também acontece quando o assunto é o amor, contrariando completamente a ideia de que ele tem uma linguagem universal. No livro de Gary Chapman, vemos claramente essa percepção, seja como recebemos ou damos afeto.

Entretanto, algo que nos surpreende sobre essa questão é que é difícil os casais terem a mesma linguagem, e, muitas vezes, isso provoca bastante frustração, por gerar uma sensação de não serem amados e de que o amor entre os dois está acabando, normalmente porque o relacionamento não parece ser o mesmo do início. Aparentemente, pode haver algum ruído na comunicação devido à maneira como estão se sentindo com a linguagem que praticam. Sem termos consciência de tal ato, fazemos para o outro o que nós gostaríamos que fizesse conosco. Só que, se nosso parceiro não tiver a mesma linguagem que nós, algumas atitudes não terão o mesmo significado e se perderão pelo caminho. Mas é maravilhoso quando cada um compreende a sua própria linguagem e percebe qual a do seu parceiro. Desse modo, muitas brigas são evitadas, as frustrações diminuem e os parceiros acertam em cheio na hora de agradar ao outro.

Portanto, vamos listar de forma resumida as cinco linguagens do amor para que vocês compreendam cada uma delas e as pratiquem, visando manter viva a chama do amor. Assim, será possível analisar em qual dos exemplos a seguir você e seu amor se encaixam. Recomendamos a todos os casais que adquiram esse livro e estudem juntos. Ele enriquecerá muito o romance de vocês.

Palavras de afirmação: A pessoa que tem essa linguagem como sua favorita ama ouvir elogios e frases como: "Ah amor! Obrigada por ter levado o carro para consertar", "Como você está linda hoje!" ou ainda "Eu amo o fato de você ser tão otimista!". Ela se sente importante e amada quando usamos palavras que ressaltam sua personalidade, elogiamos a sua aparência, ou reconhecemos verbalmente algo que ela tenha feito. Essas atitudes farão com que se sinta aceita, valorizada e amada. Com certeza, arrancará dela um lindo sorriso e nada expressará melhor o seu amor do que liberar essas palavras.

Atos de serviço: Para essa pessoa, ações valem mais do que palavras. Falar que a ama ou que sente sua falta não fará muito sentido para ela se suas atitudes não antecederem seu discurso. Se você, por exemplo, não ajuda nos afazeres de casa ou em outra tarefa que ela precisa, falar será ainda pior. Essa pessoa se sentirá amada quando o carinho é demonstrado através de atitudes práticas. A chave para amá-la está em descobrir o que deseja que se faça e, então, fazer com todo carinho. Somente desta maneira ela se sentirá importante, amada e honrada.

Presentes: Esta é uma das mais fáceis de identificar. Pode parecer bobagem, mas este tipo de pessoa se sente amada quando recebe mimos. O presente comunica que estávamos pensando nela e isso faz com que se sinta especial. Quando mencionamos presentes, não estamos falando de coisas caras.

Uma simples lembrancinha, um bombom, um livro, um bilhetinho, tudo isso pode demonstrar amor para quem se expressa por essa linguagem. Então, o segredo está em observar seus gostos, tomar nota dos seus comentários e sempre a surpreender com alguma coisa.

Tempo de qualidade: Na era da tecnologia, dos *smartphones* e redes sociais, esta parece ter se tornado a linguagem mais praticada em nossos dias. Porém, nenhuma dessas facilidades atuais, de fato, significam dar a outra pessoa sua atenção exclusiva. Na realidade, só nos dispersam e dividem ainda mais. Quando demostramos interesse durante uma conversa, em vez de apenas ouvir e prestar atenção em outra coisa, estamos fazendo com que a pessoa perceba o quanto é importante para nós. Ela se sentirá amada quando separarmos um momento específico da nossa rotina para ela, concentrando toda a nossa atenção para esse tempo juntos. Essa pessoa ama o "olho no olho", uma caminhada junto só para jogar conversa fora ou um jantar sem a presença do celular. Dedicar um tempo de qualidade comunica: estou fazendo isso porque amo estar com você!

Toque físico: Para essa pessoa o amor é entendido através do contato. Andar de mãos dadas, abraçar, fazer um cafuné, beijar e tocar são expressões que ela precisa dar e receber. Ela se sente rejeitada quando não recebe espontaneamente essas formas de contato. Por outro lado, um toque mais brusco ou resistir a um contato físico pode se tornar altamente prejudicial e ferir o coração dela. Um simples aperto de mão demorado, um abraço forte ou um cafuné pode mudar o dia dela, fazendo com que se sinta importante e amada.

Por isso, não existe uma forma certa ou errada, bonita ou feia, boa ou ruim. Todas as maneiras de nos expressarmos são válidas e devem ser respeitadas. Errado é exigirmos que o outro mude sua maneira de ser, ou desprezarmos a singularidade de cada um. Então, a partir de agora, observe mais como você se comporta e como as pessoas que ama também, prestando atenção no modo como expressa amor por elas. Outra forma de descobrir a sua linguagem e a do outro é perceber aquilo que reclamam com frequência. Se há a queixa de que as pessoas não ajudam você, que ninguém se importa, sua linguagem pode ser atos de serviço. Se você vive dizendo que não faz nada certo ou que ninguém agradece o que faz, as palavras de afirmação tocam você.

Esteja atento, também, em observar o que você mais espera das pessoas. Tem necessidade de toque físico? Ama receber presentes? Cobra mais tempo de qualidade de amigos? Cada necessidade sua revela um pouco de qual é a sua linguagem do amor, assim como é um indicador que lhe ajudará a descobrir qual a do seu amor. Identificado isso, passe a fazer com mais frequência aquilo que realmente ele necessita receber e, assim, vocês serão aperfeiçoados para amar como somos ensinados em 1 João 4.7-8: "[...] Aquele que ama é nascido de Deus e conhece a Deus. Quem não ama não conhece a Deus, porque Deus é amor". Amor não é um sentimento, mas com atitudes você poderá exercitá-lo, utilizando-se de uma de suas linguagens.

CONSIDERAÇÕES FINAIS

Queremos concluir o livro com uma linda história real[1] para inspirar você. É o enredo de um casal brasileiro, do Rio Grande do Sul, que viveram juntos por 65 anos. Italvino Possa, de 89 anos, e Diva Alves de Oliveira Possa, de 80, morreram com poucos minutos de diferença. O casal passou os últimos momentos de mãos dadas, com as camas juntas em um quarto de hospital. Ele era vítima de câncer e, ela, diagnosticada com um tumor na bexiga, partiu logo depois.

Italvino e Diva se conheceram durante um baile em 1948 e apenas um ano depois se casaram. O engraçado é que o senhor sempre frisou que considerava ter um ano a mais de matrimônio, já que, para ele, a conta começou assim que iniciaram o namoro. Em todos esses anos de união, Italvino jamais deixou o romantismo morrer. Fazia o café da manhã para a companheira e cuidava de uma horta com suas verduras favoritas. Além disso, constantemente a presenteava com flores, e em todas as celebrações de dia dos namorados comprava rosas para ela. Mas, infelizmente, ele foi o primeiro a descobrir a doença. Entre as constantes internações, lutava para continuar com sua amada. Um ano depois do ocorrido, foi a vez de Diva receber

---

[1] História retirada da reportagem de Felipe Truda, para o Portal G1 do Rio Grande do Sul. **Após 65 anos de união, casal morre com 40 minutos de diferença no RS**. Última atualização em 7 de outubro de 2014. Disponível em *http://g1.globo.com/rs/rio-grande-do-sul/noticia/2014/10/juntos-para-sempre-diz-neto-de-casal-que-morreu-na-mesma-hora-no-rs.html*. Acesso em novembro de 2019.

seu diagnóstico. Com as debilidades da doença e a idade, o senhor Italvino passou mal e faleceu. Logo depois disso, a família conta que uma de suas filhas disse ao pé do ouvido de sua mãe que seu amor (Italvino) tinha partido em paz. Então, ficou mais tranquila e, após 40 minutos, também faleceu. A equipe hospitalar sabia da luta deles e por isso juntaram as duas camas no quarto, permitindo que ficassem de mãos dadas até o final. "Eles faleceram quase no mesmo horário, como se ele estivesse abrindo as portas e arrumando a casa para que eles ficassem juntos para sempre". Seus parentes disseram que assim foi melhor, pois "eles não aguentariam a dor de ficar um sem o outro". Foi uma jornada com começo, meio e fim, sempre se doando um ao outro e buscando a felicidade do cônjuge.

Assim como o exemplo do senhor Italvino e dona Diva, procure se casar com alguém com quem gosta de conversar, que ame sua companhia, respeita e valoriza quem você é, em vez de se envolver apenas porque, visualmente, essa pessoa atrai você sexualmente. Então, lembre-se que a beleza passa, até porque é vã. O carinho mútuo, o respeito e o companheirismo são os principais pilares de sustentação ao longo de nossas relações. Isso sim é amor.

Por isso, case-se com alguém com quem realmente goste de conversar. Isso é primordial e, ao longo dos anos, fará toda a diferença. Quando o tempo passar – e convenhamos, ele está passando muito rápido –, você envelhecer, as linhas de expressão dominarem seu rosto e sua vitalidade não for mais como antes, tudo que restará serão os bons momentos de conversa com alguém que divide muitas histórias com você, que segura suas mãos inúmeras vezes, que te abraça quando sabe que precisa e que também incentiva com as palavras certas no tempo certo.

É exatamente por essa razão que, quando vivemos uma vida debaixo da orientação de Deus, sempre focados em alinhar nosso tempo com os propósitos d'Ele, as coisas fluem perfeitamente. Não há nada que se compare a um relacionamento que nasce como fruto de oração, fundamentado em Cristo, guiado pelo Espírito Santo, sob a direção de Deus, abençoado pelos nossos pais, com o acompanhamento de pessoas que nos amam e, o mais importante, ter ao nosso lado uma pessoa especial para o resto de nossas vidas.

Estamos convencidos de que encontrar a pessoa ideal é uma grande bênção que vem do Senhor. Além disso, nós a levaremos para sempre conforme prometido em Provérbios 18.22: "Quem encontra uma esposa encontra algo excelente; recebeu uma bênção do Senhor". Acredite, será lindo vermos as promessas do Pai se cumprindo na vida de nossos filhos, de nossos netos e, assim, de geração em geração. A família não é um projeto, mas uma realização de Deus. Ele as abençoa para que constituam lares, pois Suas promessas repousam sobre o matrimônio. É uma realidade maravilhosa e, não queimando etapas importantes, você verá o cumprimento desta palavra sobre sua vida também.

Nosso desejo mais sincero é que o Pai abençoe seu casamento, seus filhos e sua futura família, desde agora e para toda a eternidade. Que sua casa manifeste na Terra a glória de Deus, e que o Senhor, segundo as Suas riquezas em Cristo Jesus, supra todas as suas necessidades para todo sempre. Amém!

Este livro foi produzido em Adobe Garamond Pro 12 e
impresso pela Gráfica Promove sobre papel Pólen Soft 70g
para a Editora Quatro Ventos em dezembro de 2019.